手　紙

教育に何を伝え、何を遺すのか

板東克則

一莖書房

はじめに

ずっと、考えてきたことがある。

教師として、管理職として、大学教員として、教育について自分なりにその想いを語り、伝えてきた。そして、それを確かに伝えることができたという実感はある。

ところが、私自身が何を語り、何が伝わり、なぜ伝わったのか、それが明らかにならない。全く正体がつかめないわけではなく、その輪郭が、その陰影が、その匂いさえも嗅ぎ分けられるように思うのに、もどかしいこと、この上ない。しかも、不思議なことに、それは確かに教育にとって重要な足跡になるであろうことにも、確証を覚える。

書くことによって、書き記すことによって、それが明らかになればと考える。しかも、書くことにより明らかにできることは甚だしく困難であろうと予感するにも関わらず、道行きを共にしていただくことで、それを確かに手渡すことができるだろうという予感も、同時に持つ。

例えば、こういうことである。

ある理科の時間、「水は蒸発すると、どうなりますか。」と発問した。多くの子どもが手を挙げ、その中の一人の女の子を指名した。彼女は「水は蒸発すると、水蒸気になります。」と答えた。私は、「そうですね。」と受けて、黒板に「水蒸気」と板書した。振り向くと、彼女はそのまま立ったままである。「どうしたの。」と聞くと、彼女は再び「水は蒸発すると、水蒸気になります。」と繰り返した。そして、しばらく沈黙した後、ポツンと言った。「でも、それで私は何が分かったのだろう。」

私は、彼女の姿に感動を覚えた。この姿を人に伝えると、少なからず私と同様の想いを持つ人がいる。そして、異口同音に「なぜ、こういうことに今まで気づかずに来たのだろうか。」と言う。私は伝え、彼等は受け取ったのである。ところが、私は何を伝えたのか、自分なりに整理することができない。にもかかわらず、彼等には響き、伝わったのである。

教育の世界には、こういうことが往々にしてある。


今まで、こうした想いを『手紙』として、担任した子どもたちに、保護者に、同僚に、地域の方々に伝えてきた。今は、大学で学生にそれを伝え、伝わったという実感を持つ。

元来、私は『手紙』は相手に届け、手渡すものであると考え、それがどう伝わったかは不問に付してきた。こういう姿勢だからこそ、自分自身が何を伝えるのか明確にはせず、ただ想いが詰まってきたという実感に任せて、『手紙』を届けてきた。そのつけが、今にまわってきたのであろう。

大学で、初めての私の講義を「眠い」と評した学生が、数回の講義の後に「教育とは何なのか、分からなくなってきた。」と語り、最後の講義では提出期限が過ぎたにもかかわらず「成績に関係せずとも、是非読んでほしい。」と『手紙』の感想を届けに来る。彼女はなぜ変容したのか、何が彼女を変えたのか。それは、分からない。でも彼女を変えたことは、事実である。

もう一つ、ある。

何もしない時間……

ある時、ふと、このままでは私も子どもたちも学校の時間に流されてしまうのではという不安を覚え、クラスの子どもたちを中庭に連れて行った。そこで、自然に「今から、何もしません。」という言葉が口からこぼれ、本当に、1時間何もせずに過ごした。すると、普段聞こえないはずの電車の音が聞こえたり、鳥が羽ばたく様をつぶさに見届けたりすることができた。それは、豊かな時間になり、時間の終わりには誰もが夢から覚めたような表情を残した。

豊かと感じつつも、何が豊かだったのか、子どもに何が伝えられたのか、それは分からない。その正体をつかみたいと大学院で3年間追い求めたが、そこに確証は得られなかった。その過程で「何もしない時間」を話すと、誰もが興味を持ち、共感するにも拘わらず、である。

ここにも事実がありながら、その正体を明かすことができない。怠惰な私は、最後まで追求しきることを、早々に断念してしまうのだ。でも、そこに何かがある。しかも、きっとそれは大切な、何か、なのだ。


教育には、確かに、何か伝えなければならないものがある。そして、伝えてきた事実がある。それは、何であるか……

正体はつかめずとも、それが確かにあるという実感と、おぼろげなりにも、それらしきものを本書で伝えることができれば、本望である。

目次

はじめに　1

第1部　何を伝え、…… 11

第1章　学校　13
1．学校は、子どもを追い詰める場所ではない。豊かに育てる場所である。　13
2．不登校、不学校　16
3．職員室　18
4．祭りの秋　23

第2章　授業　28
1．こだわり　28
2．授業が生み出すドラマ　34
3．根っこ　40
4．教材研究・授業に臨む　45

5. 指揮と授業　56
6. なぜ、勉強するのか　60
第3章　教職論　65
1. 自由であること　65
2. 常識とは何か　77
3. 感じた違和感、感じた不易　80
4. 黙って100冊読みなさい（出会い　メンター）　85
5. 私の1時間目　89
第4章　児童理解　93
1. 子どもに学ぶ　93
2. 荒れ　96
3. 裏と表、不登校に思う　99
第5章　捨てる　102
1. 何もしない時間、再び、　102
2. 無用者の系譜　122
3. 溶け合う時間、確かな評価　124

4．閑話休題　――働き方改革に思う――　127

第6章　伝える……　136

1．伝わる実感（人として語りかける）　136
2．若い力に期待しています　139
3．読書の秋　146
4．手紙の終わりに……一巡り　150

第2部　何を遺すのか……　155

1．何を伝え……　156
2．公園のブランコ　166
3．何を遺すのか……　174

第3部　大学にも届く「手紙」……　185

1．うそをつくこと　186

2. 命の教育 191
3. 職員室のカキ氷 196
4. 荒れる 200
5. おにぎり、あげますか 205
6. 避難所のランドセル 209
7. 入学式の朝の足音 214
8. モルダウ 218
9. 一期一会 223

第4部 何を届けたのか……229

おわりに 250

第1部　何を伝え、……

何を、語って来たのか

自分の実践を振り返り、自分の語ってきたものを振り返り、今語っているものを見つめ直した時、そこに周囲との「ずれ」を感じてきた。それは今も変わらない。自分自身では至極当たり前に感じ、当然行うべきだとして実践してきたこと、そこには往時の子どもたちの表情からも、実践には確信を持つ。それを語り、「手紙」として届ける中で、周りに確実に伝わり、響くものであることも確かである。今、振り返っても、実践そのものや実践にかけた想いには寸分の疑いを持たない。

学校現場にいた時は「ずれ」と感じてきたものが、実は教育の本質に繋がるものなのではないか、あるいはこの「ずれ」に感じるものこそが教育の本道なのではないか。現場を離れて振り返ってみると、そのようにさえ思える。教育が、ますます本道から離れる方向に加速しているようにも感じる。だからこそ、「ずれ」と感じてきたものの根本にあるものを明らかにし、本道を探る必要性を感じる。

月刊誌『事実と創造』に連載を重ねること、15回。加筆修正を加え、内容ごとに整理し、まず一巡りの12回を第1部に、その後の3回を第2部に充てる。

第1章　学校

1．学校は、子どもを追い詰める場所ではない。豊かに育てる場所である。

学校は、子どもを追い詰める場所ではない。豊かに育てる場所である……

「手紙」をしたためながら、ふと、思いついたフレーズである。読み返してみると、我ながら妙に納得できるフレーズである。強いて言えば、子どもだけでなく、そこに教師や職員も入るのだろうか。言い換えるなら、学校は、人を追い詰める場所ではない。豊かに生きる場所である、とでもなるのだろうか……この言葉に共感を示す人がどれだけ多くいるだろうか。それだけ追い詰められていることの裏返しになる。

管理員さんが怒って、教室に怒鳴り込んで来た。

「これ、見てください。」と、折れた大きな桜の枝を差し出した。

「これは？」

「先生のクラスの子が折ったんです。それ、あの男の子。」

心当たりがあった。ちょっと家庭でもめ事があり、いらいらして登校して来た彼は、教室でも収まらず、とうとう隣の子に手をかけて、教室から飛び出したのである。すぐに追いかけたものの、見失い、ようやく廊下で泣いている彼を見つけ、教室に連れ戻したのである。もう落ち着きを取り戻していた彼と一緒に管理員さんに謝った。桜の枝は、学習園の片隅に水やり用に水を貯めている大きなドラム缶に差しておいた。

10日ばかり後、私は彼をドラム缶に連れて行った。ぜひとも見せたいものがあった。ドラム缶の前で、彼は絶句した。ドラム缶に差した大きな桜の枝に、見事に桜の花が咲いていたのである。小さなピンク色の花が、命の喜びを謳っていた。彼は、黙ってずっと眺めていた。いつの間にやって来ていたのだろう。管理員さんが、後ろから「もう、やったらあかんで。」と優しく声をかけてくれた。彼は、黙ってうなずいた。

ゆっくり教え、諭す。ゆったり関わり、包む。

桜の命と管理員さんが教えてくれたものは、明確に言葉にできない。でも、それは何よりも彼に響き、大きなものを遺したに違いない。ちっぽけな言葉での説教、子どもに考えさせるという手管、そういうものをはるかに凌駕するものを子どもに示すことができる。

学校は、人を追い詰める場所ではない。豊かに生きる場所である。

学級新聞を出そうということになった。担任ではなく、子どもたちの手で、自分たちが勉強していることや考えていることを紹介しようという取り組みである。

新聞の題名が問題になった。なかなか決まらない。誰も手を挙げないのだ。司会の二人は、黒板の前でおろおろしている。時折、助けて欲しいというまなざしを担任に向ける。「何かありませんか。」呼びかける声も形式的であり、時々そう叫べば、自分たちの任が果たせるという意識が見え隠れする。誰も応じない。時間だけが過ぎる。

私は、やおら、立ち上がった。司会の二人は、突然の私の動きに驚いた顔をしたが、同時に、どこかほっとした表情である。

「分かった。じゃあ、先生が決めたらいいんだな。よし、先生が決める。君たちは何も言わなくていい。何も決めなくていい。」

突然の私の話に、教室中におびえが走る。

「新聞の題名は、私が決める。内容も、先生が決める。新聞だけじゃない。これから教室のことは全部先生が決める。君たちは黙って、言うことを聞いていれば良い。それでいいんだな。」

捨て台詞を遺して、私は教室を出て、職員室に戻った。1時間目の途中である。

2時間目のチャイムが鳴っても、教室に戻らない私に周りの教員が声をかけてくれる。

「板東先生。いいんですか、教室。」「いいんです。」としか応じない、私。3時間目、4時間目……正直に言うと、職員室に座り続けることに、一番不安を覚えていたのは、私自身かもしれない。

4時間目も終わりごろ、司会の二人が怯えたような声で「失礼します。」と職員室に入って来た。二人は、私の前に立ち、「先生、決まりました。見てください。」

私は、二人の後について教室に戻った。

黒板には、「ぺちゃんこらんどせる」と書かれていた。

教室の前に立つと、どの子も、どうだとばかり胸を張るような姿に見えた。おどおどしていた司会の二人は、真っすぐ、私の目をのぞきこんでいた。

学校は、子どもを追い詰める場所である。それは、豊かに育てるためである。

2. 不登校、不学校

不登校の数が299048人、前年度より5万人以上増えたというニュースが流れた。その多くが学校外の居場所や相談する場所が無いということも合わせて報告された。しかし、実質的な不登校の数は、30万人を越えているのである。なぜなら、この数字は教員の数を含んでいないからである。不登校と言うなら、学校に通うことができない子どもに大人も加えるのが、当然なのではないだろうか。前年度の数値にはなるが、精神的な理由で休職している教員数、５８９７人を加えると、３０４９４５人になり、学校に通えない人数は、軽く30万人を越えることになる。この数は、２０２３年の小・中・義務教育学校の児童生徒数と教員数の総計、９９８２０７０人の実に３％にあたる数値になる。統計年度にずれがあるものの、全体的な傾向をほぼ示していると言えよう。30万人を越える人が、学校に関わる３％以上の人が、足を遠ざける学校とは何なのだろうか。

一見、こうした数値は子どもに関するニュースのように見えながら、実は「学校の病み」を象徴するニュースと言えるのではないだろうか。不登校という問題は、子どもが学校に通えないことが問題なのではなく、子どもや教員が通えないような学校が生まれているというところに、問題の根源があるのではなかろうか。子どもが病んでいるのではなく、病んでいるのはむしろ学校そのものなのである。ならば、そういう病んだ場に足を運ばない不登校という状況は、むしろ健全な姿と言えるのではなかろうか。逆に病んだ学校に、毎日足を運ぶ子どもたちは、そこで何をし、何を学んでいるのだろうか。このように見ると、少し景色が変わってくる。学校に通えない子どもを学校に通えるように努めたり、子どもの居場所を学外に求めたりするのではなく、そもそも子どもや教員が通える学校、通いたい学校を作ることこそ、求められるのではなかろうか。

今、良い授業をしたい、と思い、学校に足を運ぶ教師が果たしてどれだけいるのだろう。子どもたちと何をしようかと胸を弾ませながら学校に向かう教師がどれだけいるのだろう。学校がそういう場になっているのだろうか。教師が授業をただ職務の一環ととらえ、仕事をこなすためだけに通う学校であるとするならば、果たしてそこに子どもが通いたいと思えることこそが不自然なのではなかろうか。

不登校の問題は、「不学校」ととらえることもできるのではなかろうか。

3. 職員室

教育を語る時、学校を語る時、大きな存在でありながら意外と語られないのが、職員室ではないだろうか。教員なら、誰しも新しい学校に赴任する時、職員室の空気は気になるものである。職員室内のいじめ問題が脚光をあびたことはあるが、職員室の意義そのものについて語られることは少ない。

一見仲の良い職員室に出会いほっとしていると、いつしか違う面が見えてくる時もある。初めはばらばらのように感じた職員室に、いつかみんなが集い語りあう場になったこともある。管理職にとって、職員室は教室だと言われることもある。毎日、学校が始まり、終える場である職員室の持つ意味は、意外に大きなものがあるのではなかろうか。

山田の職員室である。初夏の放課後、必ず職員室が騒がしくなる日がある。校長室の向こうに何やらざわめきが聞こえる。ああ、もうそういう季節なのか……やがて、校長室の扉にノックの音が響く。案の定、M先生である。「校長先生は、イチゴ味でしたよね。」赤く染まったカキ氷。「ありがとう。みんなと一緒に職員室でいただきます。」毎年、夏が近づくとM先生は自宅からカキ氷機を持って来て、職員室の冷蔵庫で冷やした氷で、カキ氷をみんなにふるまう。イチゴ、レモン、みぞれなどいくつかのシロップも持参してくれる。「M先生、こんなことより、早く仕事しいや。」「ぼく、イチゴ違う。みぞれや。」

職員室が、騒がしくなる。初めは、校長としてどうかと思ったが、M先生に「校長先生は何味？」と聞かれて「イチゴ」と答えてしまったことで、目をつむることになった。

教室で仕事をしていた教員にも声がかかり、職員室に全員が集う。「カキ氷は、やっぱりみぞれやな。」「いや、イチゴが一番でしょ。」「もうすぐ1学期も終わりやな。」カキ氷談義から、いつしか雑談に移る。学校の仕事は、完全に停止する。

この時間が好きだった。

全員で目標に向かう職員室も素敵だが、全員で何もしない職員室も、また素敵なものである。ゆったりした普段とは違う時間が流れる。

山田の職員室である。O先生は、基本的に定時勤務を心がける教員である。時折、彼の教室をのぞいた日の放課後、校長室で今日の授業について、二人で話し込むことがある。同年配のO先生は、教員生活37年、一日も欠かさず、翌日の全ての授業の指導略案を書き続けた教員である。彼と授業について話し始めると、時間が飛ぶように過ぎる。今日の授業についての話から、互いの教育論に広がる。時には、その話から私が彼のクラスの授業を一単元請け負うことにも発展する。この時ばかりは、定時勤務の原則から外れる。思わぬ時間の経過に驚き、O先生に謝罪する。彼は「私は、校長先生と授業の話をするのが楽しみだから、何時間でも大丈夫です。」と笑顔で受けてくれる。

職員室に続く校長室の扉を開ける。「あっ。」二、三人の教員が扉のすぐそばに立っている。聞けば、私とO先生の話を、扉の向こうでずっと聞いていたらしい。「さっきまで、もう一人聞いていましたよ。」

職員室の空気には、めりはりがある。時に馬鹿笑いが響き、時に授業について真剣に語り合い、子どもについて頭を寄せ合い、個人的な悩みについても心を寄せ合う。その根底にあるのは、自由な空気なのではないだろうか。

夜の職員室である。だんだん人影が減り、若手が大半を占めるようになる頃、若手の一人が職員室の前方にいる教頭に話しかけてくる。「実は、……」学級経営の悩みであり、授業の悩みであり、保護者対応の悩みであり、ぽつりぽつりと話し始める。近くの椅子を勧め、座り込んで話し始める。時には、話しながら涙を浮かべることもある。話しながらふと気づくと、二人の対話に耳を傾けている視線に気づく。いつか、職員室に残る他の若手も話に聞き入っているのだ。ノートに丸をつけるペンを置いて、いつのまにか教頭机の周りに集まって来る。

夜の職員室に始まる「教頭タイム」。その記録のなにがしかが、拙書『授業論』になった。

かつて、職員室には「恐い先輩」が、必ず何人かいた。言葉をかけることができなかったり、近寄ることすら避けたいと思えるほどの存在感を醸し出すベテランがいたものである。いつしか、そういう存在が消えていった。

ＯＪＴが叫ばれる。初任者研修、経験者研修……いくつもの官製研修が用意される。しかし、かつて「職員室で育てる」ということは、常識ではなかっただろうか。育てることができない職員室などと揶揄され、どこかで職員室の力量が測られていなかっただろうか。初任者を、若手を育てるのは、自校の職員室であり、その職員室の一番奥に恐い先輩が目を光らせていた。わざわざ外に出なくても、そういう先輩のつぶやきを何度か耳にした記憶がある。ベテランは若手を育てる、それが暗黙の了解であり、ベテランにはそうした仕事が目に見えぬ校務分掌としてあてがわれ、誰もがそれを自覚していた。

先輩に言われたことがある。「お前はこの学校で何がしたいのか。それを言ってみろ。それを実現させるのが、私の仕事だ。」先輩の言葉に、改めてその学校での自分の存在を見つめ直したことがある。こうした風習は、今ではついぞ見かけなくなったし、自分自身がその先輩の任を果たしたか、はなはだ怪しいものである。

職員室が優しくなった。そういう実感を確かに持った。恐ろしいはずの先輩が、優しく言葉がけをするようになり、まず話を聞くようにという姿勢が主流を占めるようになった。徒弟制度から民主的な職場に移行していった。それとともに、失われたものもあった。美学、そう、かつて先輩が秘めていた美学が失われたようにも感じる。職員室にも歴史がある。しかし、なぜかそれらは語られないのだ。

今は、どうだろう。職員室に徒弟制度の名残は残っているのか、民主的な関係は保たれているのか……いや、それよりも職員室の語りは残っているのだろうか。

教員の居場所が語られることは、なぜか稀である。

4．祭りの秋

三木合戦の教材研究で地域の神社・仏閣を回っていた頃、秋に神社の祭りがあった。よく取材に訪れる場であったので、ビデオカメラを持ち、取材がてら、祭りに出かけた。屋台が出、神輿が勇壮に舞う境内は、いつものひっそりしたたたずまいとは全く違う様相に見えた。興味深く眺めていると「先生。」と声をかけられた。日頃、取材でお世話になっている地域の方である。「先生、来てくれたんですね。ちょっと、こちらにいらっしゃい。」と神社の社務所のようなところに案内された。そこでは、村の人たちが昼食を摂っていた。「先生も、どうぞ、こちらへ。」案内され、昼食を勧められた。いただいて良いものかどうか迷っていると「嬉しいんですよ。お休みの日にわざわざ来ていただいたのが。」皆さんの声に励まされ、一緒にお昼はいただいたが、車のためお神酒は辞退した。

「今晩、来ませんか。」村の人に誘われた。夜7時に、ある家に来て欲しいとのことだった。堂々とした大きな家だった。一室に案内された。縁側のついた広い和室で、見れば、学校の子どもたちが何人も座っている。元気な子どもたちで、中には学校で担任を煩わせるような猛者もいる。ところが、彼らが全員きちんと正座をして、座布団に座っているのだ。

「きちんと挨拶しないか。」案内してくれた方が子どもたちを促す。「今晩は。」子どもたちはおずおずと、私に挨拶をする。学校で見る顔と別人である。しばらくして、中学生が入って来た。卒業生なので、何人かの顔は覚えている。中学生が入って来るなり、子どもたちは「今晩は。よろしくお願いします。」と声をそろえた。祭りの練習である。やがて、村の大人が何人か入って来て、唄の練習やかけ声の練習が始まった。皆、正座を崩さず、背中もぴんと伸びている。学校では、絶対に見られない姿である。

1時間ばかり練習した後、子どもたちが玄関に向かった。これから祭りの日まで村の中にあるいくつかの神社をかけ声を唱えながら回るのだと言う。道を曲がり、めっきり車も途絶えた頃、やおら先ほどの練習の歌が始まった。辻ごとに止まり、唱えてから歩を進める。凍てつくような寒さだったが、やけに星影が冴え、月が眩しい晩だった。前を歩く子どもたちの陰影が、白く浮かび上がるようだった。子どもたちは、村の若衆の背中を見せていたのである。

学校は、地域の一つの組織である。子どもたちは、学校の生徒である前に、村の人であり、地域の一員なのである。学校の中にいると、そういう当たり前に気づかない。

山田は、何しろ地域との寄り合いが多かった。ほぼ毎週のように、地域との寄り合いがある。青少協だ、街づくり協議会だ……何のことはない。集まるメンバーは、ほぼ一緒で、会長が替わるだけである。校長はどの会でも、顧問になり、必ず挨拶を求められる。会が終われば、村のはずれの店で宴会になる。毎週、宴会が続く。

祭りも多い。校長は、学校の代表として神事に列席し、その後の直会（なおらい）に招かれる。中には変わった祭りがあり、神輿をかついだまま、神社近くの川に入ったり、市内では珍しい流鏑馬が行われたりする。いつからか、職員も子ども連れで、こうした祭りを楽しみに訪れるようになった。境内のあちこちで、職員が地域の人と楽しそうに話している。法被姿の子どもが、少し恥ずかし気に担任に話しかけている。

山の頂上にある神社の祭りがある。山裾から神社まで1時間以上、山道を登らなければならない。例年、祭りに参加する職員たちは学校で待ち合わせて、教頭と共にハイキング気分で登るのだが、神事に参加する校長は、皆より1時間早く山道を登らなければならない。ある年、腰を痛め、山道が登れるだろうかという年があった。念のため、3時間はかかることを想定して、山裾まで妻に車で送ってもらった。案の定、車を降り、登山口まで、何度も休む羽目になった。

山道に入る。道のそばには小川が流れ、祭りの時間にまだ遠い山の中は静まり返っていた。勾配はかなりきつい。ところが、今までの痛みを不思議に感じないのである。道を覆う落ち葉だった。落ち葉の上を踏んでいると、痛みを全然感じないのである。せせらぎの音を聞きながら、鳥のさえずりを聞きながら、森の静けさを聞きながら、歩を進めた。神事が終わり、登って来た教頭先生に「あれ、校長先生。腰、大丈夫ですか。」と尋ねられた。心配してくれて、一緒に早めに登りますと声をかけてくれたが、職員の道案内をしてほしいと、昨日断ったばかりである。

幼稚園に電話がかかってきた。今日、流鏑馬の練習があるのだが、見に来ないか、というお誘いである。日頃から、ドングリを拾いに、イチョウの葉っぱで遊びに出かけている境内である。早速出かけることになり、私にもお誘いがかかった。聞きつけて、1、2年生も出かけることになった。馬を見ること自体、子どもにとっては興味深いのだが、その馬の上から矢を射る場面に、どの子も興奮していた。

学校は、地域の中の一つの組織である。子どもたちは学校の生徒である前に、地域の一員であり、やがて地域を支える人材になる。地域の人々が、学校の子どもを、そして学校をどのように見ているのかは、学校の中からは測れない。そして、学校の教職員も、地域の一員なのである。こういう当たり前に普段はなかなか気づくことができない。村の人とのつながりが、学校に奇跡を生むことがある。

＊『教育の創造』参照

第2章　授業

思えば、様々な授業に取り組んできたように思う。

1．こだわり

教師は、こだわりを持つべきだと思う。何よりも、授業においてのこだわりは教師が手にできる唯一の武器である。

指導案を書く。何度も何度も練り直し、置いて、熟成の時を待つ。やがて、指導案がシンプルに立ち上がってくる。

そして、細案を書く。指導案が外部への発信になるとすれば、細案は自分自身への語りかけになる。1冊、ノートを用意し、その授業について気づいたこと、閃いたこと、留意すべきこと等々書き込んでいく。ノートはやがて真っ黒に埋まってゆく。しかし、気になった時いちいちページをめくらなければならない。部分と部分の関係が一目でつかめない。

いつからか、私の細案は、模造紙になった。考えたことを書き込み、前の手順を線で消し、必要があればそこに貼り付けた。この発問から、こういう答えが出ればこちらに、違う答えが出ればあちらに、矢印を付けていった。特に重要な発問は色付けし、思考の起点を成すと予想される子どもの発言を四角く囲った。細案の左側には時刻を書き込み、授業全体の時間の流れをつかめるようにした。板書計画も貼り付けたせいか、もとは長方形だった模造紙が、ほぼ原形を留めることはなかった。指導案作成はパソコンがその任を負うことになっても、細案は手書きだった。

かつて、校長に言われたことがある。「授業は、指導案に書いた予定と1分もずれることはありません。ずれるとすれば、それは指導案がいい加減なのです。」その校長は信頼していたが、校長のこの言葉は疑った。

初めて研究授業に臨む時、細案を作った。ぎっしり書き込んだ細案を眺め、これを自分の中にどう取り込めば良いのか、そこが疑問になった。それぞれの書き込み自体は、一つひとつうなずけるものになっている。しかし、それらを全部覚えきることは、到底、不可能である。

不可能……だろうか。私は、細案を黒板に貼ってみた。この通りやってみよう。子どもがいない放課後の教室で、私は細案に従って実際に身体を動かしてみた。忘れているところ、抜かしてしまうところがある。そこに、印をつけた。細案は、さらに汚れる。10回ほど繰り返してみると、授業の骨になる流れはほぼ身体で覚えることができた。

不思議なものである。この頃になると、子どもの顔が浮かび始める。ここで、こう発問すれば、必ずあの子がこう答えるに違いない。指導案、細案ではつかめない次元がそこに浮き上がる。実際に授業をすると、不思議なほどに、この予想は的中するものである。

何気ない仕草が意味を持つことに気づく。黒板に板書をし、子どもたちの方を振り返る時、右回りに振り向くのか、左回りに振り向くのか、この仕草が子どもに与える意味は異なる。右利きの場合、右回りに振り返るのは自然な所作だが、左回りに振り向くとそこに何らかの意図を感じとらせることができる。これは、動作化を重ねる中で初めて体得できる感覚である。このことをある研究会で話すと、一笑に付された。そんな細かいこと、授業は生き物なんだから……その言葉を聞きながら、「本当に練られた指導案と実際の授業は1分とずれることはない。」という、かつての校長の言葉を思い起こしていた。

さらに、動作化を重ねる。30回、40回と繰り返してみると、流れは身に付いているのだが、細かい部分にあいまいさが出てくる。何度か毎に区切りを決め、細案を見直し、動作化に臨む。見直す中で、さらに書き込みが増え、もはや自分以外には判読不能なものに細案が立ち上がってゆく。何度繰り返しても、これで大丈夫という保障はない。それどころか、やればやるほど、自分の癖に気づき、不安も増えていく。どこかに、根拠のない折り合いを見つける。

実際の授業に臨む。最後の授業『憲法改正』では、60回の動作化を行った。根拠はない。その年迎えた定年である60歳という数字を根拠にしただけのことである。しかし、本番で間違えた。細案に赤で書き込んだはずの部分を間違えた。

授業は、生き物である。

ただし、それは授業者がそれ以上は備えることができないという極みに達した時に、初めて感じ取る感覚である。

～授業で子どもを追い詰める（学びを信じる力）～

授業……子どもを追い詰めること。真剣勝負を挑み、子どもを叩きのめす覚悟で向き合うこと。だからこそ、そこに思いもよらない子どもの姿を見、英知に輝く子どもの瞳の輝きを見い出すことができる。その姿こそ、子どもの真の主体性ではなかろうか。そういう姿に感動し、さらなる高みを目指して、子どもと対峙する。こういう過程で見せる子どもの姿に感動し、真に子どもをリスペクトする。だからこそ、さらに努力し、次こそは子どもをねじ伏せてやろうとする気概が生まれる。この循環により、授業は高まる。教師には、子どもに対峙する責務がある。

日本の水道を開発した先人に、イギリスのバルトンがいる。彼は母国を離れ、当時、コレラの罹患に苦しむ日本の窮状を救うため、各地に水道を建設した。神戸も、その例外ではない。実際の建設については、弟子の佐野藤次郎にその任を任せることになるものの、その恩恵は計り知れない。こうして当初の目的である日本の窮状を救った彼は、母国への帰国を決意する。しかし、帰国の準備を進めるバルトンに、日本よりさらに深刻なコレラの流行に苦しむ台湾からの要請があり、バルトンは台湾に渡る。そこで自らもコレラに罹患し、その命を落とす。4年生の社会科の地域開発単元の中で、このバルトンに触れ「なぜ、バルトンは当時コレラの流行に恐れられた台湾に渡ったのだろうか。」と、問うてみた。

ある女の子のノートに、こう書かれていた。

バルトンは、自分の人生を生きる意味を見つけたのだと思う……

後日、個別懇談会で母親にノートを見せた。母親は黙ったままだった。やがて、その両眼から涙があふれてきた。しばらくして、嗚咽を押さえるように言った。

「あの子が、こんなことを書いたのですか。」

私は、うなずいた。

「先生、あの子を産んで、本当に良かったです。」
教師には、学びを信じる力が求められる。

初めて対外的な授業研究に挑んだのが、6年生社会科「安保闘争」だった。沖縄の米軍基地で戦車から顔を出す外国人の写真を見せ、どこの写真かと問う導入から始まり、「憲法9条があるのに、なぜ日本に基地があるのか。」という矛盾に向き合わせる筋書きの授業だった。

子どもたちは真剣にこの課題に向き合っていたが、一人の男児だけはついに授業終了まで、一言も発しなかった。彼は、優秀な子どもで、社会科にも関心が高く、授業では常によく発表し、その発言が授業をリードしていくという、言わばクラスの中心的存在だった。私も、公開研究会の授業者として、内心、彼に期するところは大きかった。その彼が、一度も手を挙げず、だんまりを決め込んだのである。

チャイムが鳴り、授業の終了を告げようとした刹那、彼が手を挙げた。彼は立ち上がり「先生、この安保闘争は、今問題になっている『国連平和協力法』にも関係しているのでしょうか。」

彼は、当時、自衛隊の海外派遣に関し問題になっていた国連平和協力法と安保の繋がりを、この時間を通してずっと考え続けてきたのである。私は「そうかもしれないね。調べてごらん。」と答え、授業を終えた。

授業には、「裏のめあて」がある。指導案に表記する「表のめあて」に対し、子どもが真に考え抜いたなら達することもありうる、めあて、とでも言うのだろうか。「安保闘争」の指導案を練っている際に、一緒に作成に関わってくれた校長と、秘かにこの「裏のめあて」を設定していた。もし、この授業で子どもを真に追い込むことができたなら、現在の問題（国連平和協力法）に関連づけて考える意見が出るかもしれない。そうなれば、この授業は真に成立していたことになる。

果たして、その答えが出たのだった。

授業で子どもを追い込むと、それは思いもよらぬ高みにたどり着く。

2．授業が生み出すドラマ

算数に、規則性を見つけ出す問題がある。

「同じ長さの棒を使って正方形を作り、それを階段状に積んでいく。その時の段数と必要な棒の数の関係を見つける」という問題である。教科書では、1段なら4本、2段なら10本、3段なら18本……という具合に、段と棒の数を表に書き込み、1段増すごとに必要な棒の数が6・8・10と2本ずつ増えていくという規則性を見つける問題である。教科書では、5段の場合に必要な棒の本数を見つけることを求めている。

この問題を子どもたちに出題した。果たして、早速表を作成する子、とりあえずノートに階段を描き始める子、どうしようと頭を抱え込む子、様々な姿が現出した。しばらく経って、何人かに自分の考えを黒板に書かせた。

その中に「5×8＝40」とだけ書いている考えがあった。この考えに、質問が集中した。私自身、この子が何を書いているのか、つかめなかった。彼は、こう説明した。

1×4＝4、2×5＝10、3×6＝18、4×7＝28
だから、5×8＝40

なるほど、答えはあっている。要するに、(段の数)×(段の数＋3)、なのだ。

子どもたちもこの式には納得した。でも、なぜこの式が成立するのかが分からない。当の本人さえ、「たまたま、いろいろやってみたらできた。」と言う。みんなで頭をひねったが、分からない。取り合えず今日は家で考えてみよう、ということになった。

翌日、再度、この考えを取り上げた。みんな考えてみたのだが、分からない。私も何とか解説を試みたが、子どもたちが納得するには至らなかった。みんなで話し合い、何となくこうではないか、とは思えるのだが、決定打にはどこか不足しているように感じた。何とか分かりたいと、みんなが感じていた。そして、誰かに尋ねよう、ということになった。誰に？　いろいろなアイデアが出た。他の先生、校長先生……実は、昨日私は職員室で、この解法を話題にしたが、誰も答えられなかった。大学の先生？　あいにく大学の数学の先生に、つてはなかった。

ふと、誰かが言った。「この教科書を作った人に聞いてみれば……」そこで、教科書会社にみんなで手紙を書いて質問することになった。自分たちの考えと疑問を整理し、紙に書いて、5月に手紙を送った。そして、いつしか私を含め誰もが手紙を出したことさえ、忘れていた。

夏休みに入り、水泳教室が始まった。水泳のために、みんな水着に着替えていた。私も水着に着替え、一足先にプールに出かけ準備をしようとした矢先、校内放送で呼び出された。至急、校長室に来るように、という連絡である。私は水着のまま、校長室のドアを開けた。見ると、そこに背広姿の男性が二人立っていた。

「板東先生ですか。」私はうなずいた。「お手紙、ありがとうございました。」

教科書会社の社長と大阪支社長の二人だった。手紙を読んで、考えの素晴らしさや子どもたちの議論の様子に感動したと言う。そこで、是非、直接会って説明したいと思い、足を運んだそうである。

私は、子どもたちをすぐに呼び、二人を紹介した。私をはじめ子どもたちも水着姿のまま、校長室の前の廊下にホワイトボードを置き、二人の紳士の説明を聞いた。説明によると、クラスの考えはほぼ良いところまで行っているのだが、完全に説明するには高校で習う定理が必要になるそうだった。でも、小学生がここまで考えられたことに感動した、と話してくれた。

ＮＡＳＡに手紙を送ったことがある。

理科の発芽実験を行った時のことだ。発芽に必要な条件は何かを考え、対照実験によって検証していく。水・日光・温度などは工夫すれば簡単に実験することができる。問題は空気だった。空気のある場所とない場所で比較実験を行うことになる。空気のある場所は普通に置けば良いわけなので簡単である。しかし、空気のない場所、真空をどうやって生み出すか。これは、子どもたちの手に余った。

教科書には、空気のあるなしを比較する手段として水槽の中での実験が紹介されていた。二つの水槽を準備し、その中に種を沈める。片方には、種に酸素ポンプをあて、もう片方にはあてずに、比較するのである。教室や理科室に真空を生み出すことは困難であり、明らかに結果の異なる後日の写真を紹介しながら、子どもたちが容易にうなずけるよう工夫された実験である。

この方法を紹介し、皆も納得した空気が流れた、その時である。一人の男の子がつぶやいた。「でも、魚は水の中で泳いでいる。」一瞬、彼が何を言おうとしているのか、理解できなかった。クラスの子どもたちも同様だった。彼は再び言った。「魚は水の中で泳いでいるよ。水の中で生きているのだから、水の中に空気があるのではないか。」そう言うのである。大論争になった。魚はエラで呼吸しているから人間とは違う。いや、魚だって空気を吸っている……結局、魚の呼吸については持ち越しになったが、とりあえず魚が水中で生きている以上、水の中に空気が無いと言い切ることはできない、という結論になった。そして、この実験を成立させるためには、どうしても真空が必要だということだけは確かめられた。

真空……どこに？　話は、宇宙に飛んだ。宇宙と言えば、ロケット。当時、ロケットと言えば、ＮＡＳＡだった。ＮＡＳＡに手紙を書こうということになった。地球と宇宙で比較実験をしようと考えたのである。みんな、興奮していた。しかし、次の瞬間、その表情が沈むことになった。手紙の宛先、ＮＡＳＡの住所が分からないのである。当時はネットも無い時代である。こうして計画は、一瞬にして、とん挫した。

翌朝。教室の私の机の上に一冊の連絡帳が置いてあった。開いてみると、そこにはNASAの住所が書かれている。連絡帳の持ち主を呼んで、話を聞いてみた。彼が言うには、昨日家に帰り、家族に実験の話をしたと言う。すると、アメリカ大使館に聞いてみようということになり、電話帳を調べて、家族と一緒に大使館に電話をして聞いたそうである。こうして、住所はクリアした。早速みんなで手紙の作成にかかった。ある子がポツンと言った。「アメリカの人に、日本語の手紙読めるのだろうか。」残念なことに、私にはそこまでの英語力はない。こうして、2度目のとん挫が訪れた。

その翌日。また違う連絡帳が置いてあった。そこには、ある母親からの連絡があった。「子どもから話を聞きました。私の友人に英語の先生がいます。いきさつを話したら、彼女が英語に翻訳してくれるそうです。」早速、みんなで手紙を完成させ、英語の先生にことづけ、エアーメールでNASAに手紙を送った。

NASAから返事は返ってこなかった。でも、クラスの誰もが発芽条件を理解した。

授業は、時にドラマを生む。

必死に考え、何とか分かりたいと切に願う時、形にとらわれず、その想いは枠を抜け出すことがある。それが、学び、ではないだろうか。単に答えを出すことに満足するのではなく、真剣に考え、その深い思考の中に身を置くことこそ、本当に子どもたちが求めるものではないのだろうか。それは、答え以上に価値があるものである。なのに、なぜか教師は子どもに答えだけを与えようとする。結果を伝えるのではなく、結果を求める過程、その姿にこそ、真の喜びがあることを教えるのが、教師の務めではないのだろうか。

3. 根っこ

子どもたちに何かを話そうと考える時、いつも浮かぶ言葉がある。

根っこ……

授業研究に取り組む中、題材に向き合う。いろいろな資料を集め、新たな知識を得、過去の実践などから違う視点を見つける。やがて、こうした情報の中に埋もれ、行く先を見失う。誰もが経験する過程である。悶々とし、もがき苦しむ。

違う……

こんなことを求めていたのではない。そこで、多くの授業者はさらに研究を進め、一条の光を見い出し、それをよすがに求めるべき道を見い出し、授業案を完成させる。ここに、授業研究の醍醐味があり、教師の成長がある。

ところが、私はさらに潜るのだ。一条の光が差そうが、それに背を向けてしまうのだ。

違う……

こんなものではない。私が求めているものは、光、ではないのだ。教材解釈ではないのだ。だから、光を捨てる。その題材を解釈するのではない。その題材が持つ普遍的なものを探るのだ。だから、潜り、根っこを探す。いかに優れた教材解釈をしようと、それは子どもと共に成すものではない。光を捨て、暗がりの中で、そう、目に頼らず、土をかき分ける指、爪の感触……そう、触覚なのだ。目に見えるものは、必ずしも真実ではない、触れ、手にしたものこそが、真実になる。そういう感覚である。

やがて、いつしか「根っこ」に触れる。根っこは、もはやその教材の解釈ではない。根っこは、全てに通ずる「普遍」を語り始める。教材が学問の塔としてそびえ、わずか数ページの題材が永遠を語り始める。それこそが、子どもと共にすべきものなのだ。

学びの根っこは、遊びの根っこ……

山田小学校・幼稚園の研究テーマの一つである。教室での授業、幼稚園での遊び。一見、別物に見える。授業を見、遊びを見るならば、そうだ。しかし、教育で見るならば、まさしく同一のものである。根っこを探るというのは、こういう所作なのだ。

幼稚園の子どもが描き出す絵には、力がみなぎっている。横から声をかけると、私の問いに答えつつ、目は筆先の紙の焦点からはずれることはない。そこに絵の世界が完結しており、問いかける私ですらその世界の登場人物に変える空気がみなぎっている。遊びにはそういう力があり、子どもはその世界を生み出す主役になる。

これは、授業も全く同じ。なぜなら、学びは遊びだからである。遊びの根っこと学びの根っこはつながっており、それが幼稚園では保育室に芽生え、学校では教室に芽吹く。

探るのは、根っこ……

かつて、描画の指導に悩んでいた時に、先輩から「植物を描かせるなら、草花を掘り起して、根っこから描き始めるように指導してみなさい。」と教えられたことがある。子どもたちの描く草花が平板で、どこかよそよそしいのである。

子どもたちを野原に連れて行き、「自分でこれはと思う草を丁寧に根っこから掘り出してごらん。」と話した。子どもたちは、土遊びができると喜んでいたが、根っこがどこまで深く、広く張っているのかということに驚くことになった。

掘り上げた草を、「根っこ」から描き始める。手で探し求めた根っこ。どんな小さな根毛さえ逃すまいと描き進める。やがて、どの子の絵も画用紙からはみ出す。描き上げた絵は、隆々としたこぶにごつごつした凹凸が描かれ、その上に草が宿る。絵を描きながら、子どもたちは、命に触れる。

根っこには、力がある。

ふと、思う。

一人ひとりに問いかけながら、その実、人間という種に問いかけているのではないか。

学びの性善説……

誰もが根っこのところでは学びたがっている。それを信じ切ることができるだろうか。点数、そう言えばいつしかテストに点数をつけるのを止めた、そんな些末のものではなく、人は誰でも根っこのところで学びたいと欲している。それは、人間という種に秘められた本能だからだ。本能には逆らえない。ならば、そこに問いかけてみるのではないか。

ある午後の授業を見た。絶滅したコウノトリの復活にかけた兵庫県のある飼育員の取り組みである。中国から輸入したつがいを育てながら、繁殖に取り組む。何度も何度も失敗を繰り返しながら、かつてコウノトリの郷として有名だったその地の復活を目指した過程が教科書に記載されている。担任は、「なぜ何度失敗しても挑戦し続けたのか。」と子どもたちに問いかけていた。何人かだけが手を挙げ、郷土の誇り、かつてのコウノトリの郷をよみがえらせたかった、など、形式的に答えている。午後のけだるい空気である。発表する数人を除き、教室を睡魔が包んでいる。

教室の後ろから参観していた私は「違うよ。」と一言、発する。その一言が、教室を突然目覚まさせる。一人が答える。「飼育員は、郷土に対する誇りを持っていたからだと思います。」「違う。」「昔のようにコウノトリが住めるような町をよみがえらせたかったから。」「違う。」すべての答えが、違う、の一言でかき消される。もはや全員が目を見開いて行く末を見つめている。

「もっと、簡単だよ。」さらに何人かが続くが、違う、の答えにあえなく座り込む。「答えを言っていいかい。」もう少し、このやり取りをという気配も感じるが、無視して口を開く。「答えはね」、「仕事だから。」えー、という失望のため息があちこちからもれる。もっと、すごい答えを期待していたのであろう。

「飼育員さんは、仕事だからやっていたんだ。そうだろう。」子どもたちは明らかに落胆している。もっと睡魔に身を任せていれば良かった……そこで、再び口を開く。「でもね、この飼育員さんは毎年毎年ずっと失敗しているんだよ。普通の会社なら、とっくにクビになってしまうのじゃないか。」先ほどまでの英雄が突然地に落ちる。英雄たる所以を発表していた数人の子どもは面食らっている。「でもね。」さらに続ける。「この飼育員さんが、今年も失敗したことは、町中の人が知っているよ。毎年毎年、町中の人が失敗したことを知っている中で、挑戦し続けることはすごいと思わないか。」

その時間の感想には、分からなくなってしまいました、とほとんどのノートに書かれていた。結論など、どちらでもいい。ただ、子どもたちが学びの世界に遊んだことは事実である。あっという間に時間が過ぎた、と何人もの子どもが書いていた。分からないのに面白かった、これも書かれていた。

学びは遊び、遊びやせんと生まれける……

学びの性善説は成立するのではなかろうか。

なぜなら、人間という種にとって、学びを欲することは、本能だからである。

根っこに、問いかける。

根っこには、それに応える力が宿っている。

4．教材研究・授業に臨む

教師にとって最も大切である「授業」に、教材研究に、どのように取り組んできたのかを振り返ってみたい。授業実践については、拙著『授業論』や『教育の創造』で、節目となる取り組みについていくつか触れてきたが、職員室でのやり取りなど、もう少し日常に近い中で、どのように取り組んできたのかを描くことは、教師の日常を見つめ直すことに繋がるのではなかろうか。

～始まり～

初任校の3年目、養護学校に勤めており、研修主任を担当した。その年は、県の研究指定校にあたり、学校公開が予定されていた。3年目の研修主任は異例だが、私のメンターに当たる先輩が後押しするから、若い者を中心に据えたいと、校長に申し出てくれたのである。しかし、私はその先輩と対峙することになる。

研究会のテーマは「遊び」。研究を進めるにあたり、「そもそも遊びとは何か。」という議論からスタートした。先輩は、養護学校で行う遊びは授業であり、授業ならば必ずそこにねらいと結果がなければならないと主張し、遊びという活動を通した「課題遊び」を提唱した。例えば、手作りの遊具などを使い、子どもたちがゲームとして遊ぶ中で、ルールを覚えたり見通しを持ったりするようなことをねらうような実践である。これは、イメージとしてとらえやすく、職員室の大半がこれに共調した。

一方、私は、そもそも遊びとは自由であり、そこに何らかの規制や意図を加えるのは、もはや遊びではない。遊びはあくまでも子どもの自由の中から生まれるものでなければならないと考え、「自由遊び」を主張した。この対立が、研修企画の大半を占めた。遊びとは何か……本質的な討論と、現実的な推進が並行し、結局、研究誌には両論併記し、参加者に問題提起する形になった。

一見、不毛のように見えながら本質的な議論だった。当時の特別支援教育の実践において、「遊び」は流行したテーマであり、研究事例やテーマ解釈ならいくらでも手に入れることは可能だった。その中で迂遠にも映る「遊びとは何か」という根本に遡り、ホイジンガーやカイヨワを引き合いに出しながら議論することは、今振り返っても意義のあることだったと思う。この体験が、後の授業実践、学級・学校経営にも見えないながら大きな影響を与えた。

特別支援を離れ、初めて5年生を担任し、校内研修で「わらぐつの中の神様」の授業を行うことになった。何しろ、通常学級で行う初めての研究授業である。どこから手をつけてよいやら分からない。とりあえず全文を読み、自分の中に湧き上がるものを素直に探してみようと考えた。

高価な雪下駄を買うために、自分が作った不細工なわらぐつを、売り物の野菜とともに並べる主人公のおみつ。その時、ふと、おみつはなぜわらぐつを「はじっこ」に置くのか、ということが疑問に思えた。わらぐつを売りたいなら、目立たないはじっこに置くことはおかしいではないか。もちろん自信がないから、売り物はあくまでも野菜だから……真っ当に思える理由はいくつも挙げられる。しかし、一度沸いたこの疑問は時を経るにつれ、ますます大きくなり、頭から離れることがなかった。

指導案検討会の日、思い切って自分の考えを提案してみた。案の定、非難の嵐だった。この題材は人物の心情の揺れを読み取ることが大切であり、主人公の心情が読み取れる箇所を丁寧に拾っていく読み取りをさせるべきである。そんな小さな部分に着目するのではなく、大きな流れに目を向けさせるべきである。なぜ「はじっこ」に置いたのかを考えさせても、結局なぜかは分からないでしょう……40年近く前のことなのに、あの時言われた一つひとつの言葉がよみがえるように思える。もちろん、皆、良かれと思い、助言してくれたのである。教科の研究授業が初めてである私を思っての助言ではある。

でも、私にはどうしても共感できなかった。全体を読み取らせ大きな流れをつかもうとする自分の姿が見えなかったし、周りから言われるほど、「はじっこ」という一言にこの物語の全てが表れているように見えてくるのである。わらぐつを売りたい、でも自信もなければ、売り物の野菜を脇に置いてまでは、と葛藤する結実の行為として、そこにこそ、おみつさんの心情が集約されていると感じるのである。

検討会の結論には、1週間の猶予をもらいながら、1週間後、結局私は「はじっこ」を選んだ。周囲はあきれた表情を浮かべ、検討会の熱は冷め、その分、私は熱くなった。かつて初任校の先輩の「研修には集団研修はない。研修の基本は個人研修だ。」という言葉がよみがえってきた。

以来、自分に湧き上がるものを大切に考えるようになった。その感覚を大切にしようとすれば、何よりも自分を磨かなければならない。集団の中の共通理解に同調するのではなく、自分で本質を求めようとするならば、はるかに厳しい研修が自身に求められることになる。なるほど、個人研修は厳しいが、本物になる。

～　大造じいさんとガン　～

大造じいさんとガンの指導案である。

……大造じいさんは残雪に対し、狩人としてのライバル心と、残雪の生き様に対する畏敬の念という二つの想いを抱いている。この二つの想いが二重構造を織りなしながら物語を進めてゆき、最後の場面ではその想いの交錯する頂点に、去り行く残雪の後ろ姿がある。二つの想いを夢のようにつなぐのが、はらはらと落ちる白いスモモの花だ。

うなぎ釣り針を使った計略、小屋がけをする計略、おとりを使う計略、いずれも、たかが鳥である残雪の智恵によって、破られてゆく。大造じいさんの狩人としての闘志がかきたてられ、冷徹に慎重に作戦がたてられてゆく。これを支えるのは、残雪へのライバル心であり、狩人としてのプライドである。狩る者と狩られる者という構図が、物語の前半に語られてゆく。

ハヤブサが現れる。仲間を守ろうとする残雪に、狩人の存在はない。大造じいさんも狩ろうという意識が飛ぶ。ここに以前の構図は崩れる。そして、そこに新たな存在としての残雪が浮かび上がる。大造じいさんの情の部分がかきたてられ、残雪はじいさんにとって慈しむべきもの、愛すべきものとして浮かび上がる。物語の後半はこうした構図によって彩られてゆく。

4の場面は、こうした物語の象徴としての場面である。快い羽音一番、一直線に空へ飛び上がる残雪の潔さは、大造じいさんの狩人としての想いをかきたてる。だから、じいさんは正々堂々と闘おうと呼びかける。しかし、残雪が飛び立ち、後ろ姿が小さくなるにつれ、残雪への想いは慈しむものへの構図へと移る。だから、残雪を見守る。こうした二重構造は、大造じいさんの心の中では、一点に昇華されてゆく。

この物語の中で（題名を除き）ただ一箇所だけ、残雪のことをガンと呼ぶ場所がある。それは、この4の場面である。ここで大造じいさんは「ガンに呼びかけ」「残雪を見守って」いる。二重構造が見事に描ききられた場面だ。しかし「いつまでも、いつまでも見守っていた」大造じいさんの心の中は、この二つの構図がくっきりと色分けされたり、混ざったりしているわけではない。二つの構図がとけあい、より昇華されたものに変容しているはずだ。

ここを、子どもたちに問いたい。ここを子どもたちと戦いたい、楽しみたい。必ずや、子どもたちはこの期待に応えてくれると信じている……

物語を通し、最後の場面のただ1か所だけ、「残雪」と呼ばず、「ガン」と呼ぶ場面がある。なぜ、ここだけ。なぜ、最後だけ……こういうことが気にかかる。何度も読み込む中で、自分に問いかけていく。自問自答する中で、この問いに対する答えが混迷していき、たどり着くことが不可能な峻険な道に映り始める。と、同時に、この問いこそが本物ではないか、というひらめきが確信に変わる。自身の答えが見つからないにも関わらず、これを問うてみたいという欲望が湧き上がり、もはや抑えることができなくなる。

飛び立つ刹那の残雪にかける想い（ここで「ガン」と呼ぶ）と離れ行く残雪を見守る想い（ここでは「残雪」と呼ぶ）は同じだろうか、と問いかけ、この問いに向き合わせた。一人の男の子が立ち上がり「ちがうと思う……」と答え、そのまま黙り込んだ。立ったまま、自分自身の内なる言葉と戦う様が見え、誰一人、一言も言葉を発することなく、皆が彼を見守った。それは、全員が彼の内面に同化しているように見えた。やがて、その子はそのまま、座り込んだ。授業の終わりに、この時の大造じいさんの想いをノートに書かせてみた。彼は、15分間も鉛筆を動かし始めては止まり、結局一行も書くことができなかった。

私は、こういう姿に感動する。

かつて授業の仕組みを教わった校長に聞いたことがある。「板東先生。本当に良い授業とは、どんな授業だと思いますか。」私は、即答できなかった。頭の中で、子どもが次々と発表する授業、子ども同士が意見を戦わせる授業などの場面が駆け巡っていたように思う。

校長は、言う。

「本当に良い授業とは、初めはみんなの手が挙がり、意見が次々に出るものの、授業の最後には、誰一人言葉を発することができず、黙り込んでしまうような授業こそ、素晴らしいと思いませんか。授業の終わりまで、子どもが話し続けている授業で、本当に深い学びができているのでしょうか。人は深く真剣に考える時は、静けさの中で考えるものです。」

一言も発することができない問い。自身すら答えることが叶わない問い。子どもを追い詰めてゆくことで、子どもが本当に昇華する姿を見ることができる。

いつしかこういう問いを探す自分がいる。

～どちらが混んでいるのかな（単位量あたり）～

小数÷小数で余りを求めるわり算がある。小数点を移行して計算し、余りを求める時は小数点を元に戻す。この仕組みが分からない。頭では分かっていても、子どもにどう伝えればよいのか分からない。子どもからも「なぜ。」という質問がくる。計算方法を機械的に覚えさせようとする自分に戸惑いを覚える。

ふと、小数点の移行は便宜を図るためと口にしたことを思い出す。ならば、便宜を図らず計算してみたらどうだろう。「見ててごらん。」意を決して、小数点を移行せずに黒板で計算を始めてみる。いちいち小数点をつけたままのかけ算を筆算で行い、割られる数（被除数）から引き、余りを出す。またかけ算を行い……あっと言う間に黒板がいっぱいになる。隣に書いたわり算の筆算の式と比べれば、一目瞭然になる。

算数を、実感する。子どもには理屈より、感覚が通りやすい。


「どちらが混んでいるのかな」算数の単位量あたりの単元になる。

子どもたちが宿泊する部屋の広さ（畳の数）と人数の表から、どの部屋が混んでいるかを考え、単位量あたりという概念に導く授業になる。部屋の広さ（畳の数）や人数が同じならば、子どもたちも容易に比べることができる。問題は、広さも人数も異なる場合になる。

授業では、Aの部屋は畳10枚に6人、Cの部屋は畳8枚に5人が泊まる場合を比べる。子どもの感覚として、一番遠いのが「わり算」になる。確かに、実生活の中で無理に割ってみようという必然性に出会うことは少ない。たいがいの感覚はたし算、引き算になり、同じものが重なる時にかけ算が浮かぶ。計算として、くり上がり、くり下がり、九九というアイテムは手にしているものの、わり算に見合うアイテムは持ち合わせていないこともわり算の出番を減らしているのかもしれない。

ある子が、「畳の数－人数」の計算をし、Aなら畳が4枚余るが、Cは3枚しか余らないから、Cの方が狭い（混んでいる）と発表した。別な子は、畳の数と人数をそれぞれ引き算をし、「Aは畳が2枚多くて、人数も一人多いだけだから、Aの方が広く、混んでいるのはC」と発表した。二人とも、引き算を用いており、子どもたちにも分かりやすい。説明も納得でき、授業の始まりはこの考え方が教室を支配していた。すでに単位量を知識として知っている子もいたのだが、どうすればこの実感として納得できる考えを覆すことができるのかに苦闘していた。

ある子がポツンと言った。「余った分も、その部屋の人数で同じように分けなければいけないんじゃないか。」初めは皆よく分からないようだった。「あまりの4枚と3枚を比べるのではなくて、Aはその4枚を六人で分けて、Cは3枚を五人で同じように分けなければいけない。」何人かがはっとした顔をした。今まで支配的だった考えが、とりあえず一人に1枚畳を渡すことに基いていたことに気づき、どちらか一方の条件をそろえる必要性に気づいた瞬間である。その後、畳を40枚にそろえるとか、人数を六人にそろえる、あるいは畳÷人数を分数で表し通分して比較するなどの考え方などが展開され、やがて単位量を「1」とする考えにたどり着いた。

私は、子どもたちの話の流れに聞き入りながら、一つひとつを吟味し、否定し、創り上げる過程を見守っていた。子どもたちの自浄力は大したものである。感覚から理論の必要性へ、実感から計算へ、その道筋を示す子どもたちの議論に圧倒された記憶を刻む授業になった。

ところが、大学で感覚と理論を重ねた展開に出会うのである。ある学生が、この問題について「畳1枚の重さを、5kgだとします。」と話し始めた。私を含め、彼が何を口にしているのか、見当がつかなかった。彼は続けた。「Aの部屋なら、5×10で50kgの畳を6人で持ち、Bなら5×8で40kgの畳を5人で持つので、一人が持つ重さはAは8.333…kg、Bは8kgになり、Bの方が軽い（＝一人分の畳が少ない）から、Bの方が混んでいる。」

もちろん、均等に持つことができるという前提が必要なのだが、混み具合という理論を重さという感覚で実感できるというのである。この発想力はどうだろう。小学生の方が子どもであり、頭が柔らかいという概念にとらわれていた自分がいた。

教材研究の余地は、まだまだありそうである。

5. 指揮と授業

「授業がうまくなりたければ、指揮の練習をしなさい。」若い教員によく話してきた。

教室の授業なら、黒板にチョークで書き、教科書を開く。何より、言葉を使って発問したり、応答したりすることができる。しかし、指揮台では書くこともできず、話すことも禁じられる。ただ身体を使い、目で合図を送るだけである。所作だけで、曲の世界を拓かなければならない。限られた手段だけで、演者である子どもたちに、想いや意図を伝えなければならない。指揮台と子どもの距離は一定であるにもかかわらず、そこに様々な距離感を生み出さなければならない。教室の授業よりもはるかに制限された状況下で、子どもたちと新たな世界を生み出さなければならない。

曲の理解自体、教材研究である。ある年、音楽会で「寒ブリの歌」を合唱することになった。「しぐれて　しぐれて　氷見の海」日本海の冬である。しぐれる日本海で採れる大量のブリ、それが氷見の港に揚げられて……言葉ではたどれる。しかし、遠い。実感がそぐわない。どんな港で、寒ブリと氷見は、どう結び付いているのか。

夏休みの最終日、氷見に出かけた。朝暗いうちに家を出て、昼頃、氷見に着いた。ここがあの港か……ただ、寒ブリの時期ではない。遅い昼飯をとるために、港近くの古ぼけた食堂に入った。テーブルに座り、店内を見回すと、壁一面に冬の寒ブリ漁の写真が貼ってある。あれか、あの写真があの言葉に結び付くのか。キトキト、歌詞にはない言葉である。氷見がブリの街であることを実感する。この「感じ」を大切に持ち帰り、子どもたちに伝えたい。季節は外れるものの、こうやって手にした感覚をもとに、指揮の練習をする。

初任校が特別支援学校であり、初めて通常学級を担任し、音楽会で指揮をしたのは、7

年目のことだった。元来、音楽が苦手で、楽譜も読めない。当時の勤務校が単級の学校で、音楽専科がピアノの伴奏を担当し、担任は必然的に指揮者に回ることになる。もちろん指揮の経験は一度もない。初めて指揮台に立った時、子どもの顔すら見ることができず、ただ曲の終わりまで正確に4拍子を刻めるかどうかが、課題だった。

何年か経ち、「夕鶴」の合唱に出会った。曲の最後に「つる、つる、つる……」と連呼する部分がある。音楽専科にこの部分の指揮の動作を習った。繰り返し練習する中で、ふと、気づいた。この部分を指揮する動作は、「鶴が舞う姿」になるのではないか。指揮を止める時、与ひょうが追う「つう」の姿になるのではないか。指揮にも物語がある。自分なりの指揮の模索が始まった。

「夕鶴」を読み返し、山本安英に触れ、木下順二を読んだ。そこで感じたこと、思いついたことを楽譜に書き込み、それをどう表現すれば、子どもたちに伝わるか、何度も何度も工夫を重ねた。指先の表情、息を吸う間、子どもに向かう身体の角度、膝の具合……こうした細かな表現は、言葉以上に語るものがある。こうして織りなす曲そのものが、物語を紡いでいく。

以来、楽譜に対する苦手は続くものの、毎年、音楽会で出会う曲にだけは深く没頭するようになった。その曲に関する資料を読みふけり、楽譜にあらゆることを書き込んでいった。何度も何度も聞き返し、そこから浮かぶイメージを絵に描いた。できるなら、曲の場面に実際に出かけた。（モルダウでは、プラハに行き、現地でモルダウの合奏を聞いた）そこから感じ取ったことを表現するために、毎日何時間も指揮の練習を繰り返した。動作化する中でつかみ取ったことを、子どもたちに語った。

授業、ではないか。教材研究、ではないか。そして、こだわりではないか。

指揮の練習は、まさに授業研究である。曲に深く向き合い、そこから学び、築き上げていく。学び取ったことを表現するために、工夫を重ねる。重ねる中で見えてくるものがあり、さらに表現を修正する。子どもとの練習の中で、どう伝わり、何が伝わらなかったのかを見極め、校正を加えていく。指揮は、身体を使う表現であり、具体的な動きとして表れる。目の前に子どもがおり、演奏という評価を常に受ける。書いて示すことができず、言葉を使うこともできない。その中で、子どもと共により高みを目指すことは、何にも勝る修行になる。そして、言葉を使う以上に伝えるものがあることに気づく。

教室の授業では書き、話すことができる。ただ、言葉以上に伝えることができる存在に気づくからこそ、書くこと、話すことの意味を、今まで以上につかむことができる。

私は「授業がうまくなりたかったら、指揮の練習をしなさい。」と、語る。

6. なぜ、勉強するのか

担任が決まり、4月の初めに、子どもたちに作文の宿題を出す。題は、なぜ、勉強するのか。

1週間後に作文を書くから、それまで考えておくようにと伝える。家の人とも話してごらん、と付け加える。

1週間後に、子どもたちが書く作文には、次のようなことが並ぶ。いい高校に入るため、いい大学に入るため、いい会社に入るため、将来困らないように。中には、大人になって子どもに馬鹿にされないように、というものまである。

それらを紹介し、子どもたちに話しかける。

「君たちは、偉いね。5年後や10年後のために、今、頑張ることができるんだ。すごいね。」

そして、次のように話す。

「先生は、君たちの姿に感心したから、今日の宿題は無しにしよう。」

やったー、という声が教室中にあふれる。

「そんなに喜んでくれるなら、今週中、宿題は無しにしよう。それに、教室での勉強も無しにします。自由に遊んでいていいよ。」

思ったよりいい先生だ、という声が聞こえる。

「そうか、じゃあ今月中、そうしてあげよう。どうせ、4月は忙しいし……」

様子を見ながら、

「じゃあ、1学期中……」

子どもたちの顔が、曇り始める。中には、それは……という声も聞こえ始める。

「おかしいだろ。先生は、君たちの好きなようにさせてあげると、言っているのに。」

明らかに雰囲気が変わる。歓声は、途絶える。

しばらくしてから、全員を見回し、

「不思議でしょう。『勉強しなくていいよ』と言われると嬉しいのに、『ずっと、しなくていい』と言われると、なぜか、嫌な気持ちになる。それは、みんな心の奥では本当は勉強がしたいのです。なぜなら、勉強は遊びだからです。勉強は、頭を使った遊びなのです。頭のいい人というのは、テストで良い点を取る人ではありません。どうしたら面白く勉強できるか考えることができる人です。」

そして、最後にこう付け加える。

「先生は、あなた方に、この一年でたった一つだけ分かって欲しいことがあります。それは、勉強はおもしろい、ということです。」

子どもは、誰もが学ぶことを求めている。

私は、これを『学びの性善説』と呼ぶ。


かつて、理科で「モーターを組み立てる」というページが教科書にあった。必須ではなく、紹介の類だったが、挑戦することにした。班で相談し、家にある材料（釘やかまぼこ板）を持ち寄り組み立てる。学校ではエナメル線のみ用意する。

早速、1時間目から、6つの班がそれぞれモーターの製作に取り掛かった。どの班も真剣に取り組むのだが、金具の接触がまずかったり、回転部分がうまくいかなかったり、苦戦が続く。もう4時間目が終わりに差しかかり、給食の準備の時間が近づいているのに、どの班のモーターも回らない。

「回った！」

大きな声が理科室に響いた。全員自分の班を離れ、回った班の机の周りに集まった。

グ……ルン、……グル……ン、グ……ルン……

勢いよく回る音とは、ほど遠い。ようやく、何とか回った、という感じ。でも、そのモーターを見つめる全員の目は輝いていた。

結局、回ったのは、その班だけだった。

他の班は、どこも回らなかったのに、なぜかみんな嬉しそうだった。自分たちのモーターと回ったモーターを比べ、なぜ回らなかったのかを考えた。そして、全員がモーターの仕組みを理解した。


教科書からモーターづくりが消え、モーターカーが載るようになった。業者からモーターカーのキットを買い、全員がそれぞれ組み立て、広く平らな場所で走らせる。

これが実に大変になる。同じキットを同じように組み立てるはずなのに、クラスで何人かは必ずうまく走らないモーターカーがあり、担任は対応に追われる。接触が悪かったり、部品の切り取り方が雑だったり……担任は、全員のモーターカーを無事に走らせることが目標になる。何とか全員のモーターカーが走ると、クラス全員がよろこび、担任も肩の荷を下ろし、その成果に満足する。

しかし、誰もモーターの仕組みは理解しない。

モーターが回らないのに、全員がモーターの仕組みを理解する。

モーターは全部回ったのに、だれもモーターの仕組みは分からない。

山田は、2年間、分かる授業の公開に向けて取り組んだ。後援してくれた市教委には申しわけないが、山田が目指したのは「分かる授業」ではなく、「分からない授業」だったのかもしれない。

分かる、できるは、教育の一部ではあるが、全部ではない。むしろ、教育の根幹からは遠くはなれた枝葉に位置するに相違ない。より根幹をなすものは「学びたい」という本能である。人類という種が繁栄した何よりの根拠は、学びたいという知的好奇心である。ならば、知りたい、学びたいという好奇心をかき立てる場の設定こそが、授業ではなかろうか。学びの世界に遊ぶという体験こそが、本能を満たしうるものになりうるのではなかろうか。

多様性を口にするにもかかわらず、なぜか教育の手法そのものは一律的に閉ざされてゆく。全てを画一的に縛り、授業が枠にはめられ、型に押し込まれていく。「分かる」ための流れが規定され、その手順を踏むことが推奨される。これは、本来、教育があるべき姿とは対極になるものである。

教育の根源は、自由を源にする。学びは、人類の本能である。

教育の目的は、本能にふたをすることではない。

第3章　教職論

1．自由であること

多くの人と語ってきた。

よく言われることがある。「板東さんに言われてみると、当たり前のことなのに、なぜ言われるまで気づかないのだろう。」

ある先生から、言われたことがある。

「板東先生の、子どもを包み込むような優しさとあたたかさを感じると共に、真逆ともとれる、学校というところで仕事をする教師という職業人への厳しさ、提言、覚悟。今の教育に一石を投じなければ、との想い、を感じました。」

どうやら通常の範疇から離れた常識に従い、許容するくせに厳しくもあり、要するにとらえどころのない存在である、と訳することができようか。

だから、ずれる。

ところが本人はいたって真面目に取り組んでおり、いたって当たり前に考えているのだから、始末が悪い。ともすれば、世間の方がずれているのではないかと勘ぐることすら、往々にある。教育の世界の日常が、別なスクリーンに映し出されるように見え、時にはその映像にそっぽを向けて、自分の世界に引きこもる。ふと、気づくと別なスクリーンの聴衆の幾足りかが、こちらのスクリーンを眺めていることに気づく。ならば、こちらの映像についても語らなければなるまい。まるで、トーキーであり、弁者である。要するに、時代遅れなのかもしれない。ところが、当人は時代という感覚にも無頓着なのである。何より、子どもが生き、教室が、学校が活きていれば、それで良い。

初任校が養護学校だった。当時の職員室には専門家がおらず、皆、手探りで日々実践を重ねていた。初任者である私も、周りを見回し、自分なりに手探りで実践を探った。通常学級を担任したのは7年目である。当時の勤務校は単級校で、今さら人に聞くわけにもいかず、さらに自分で道を探ることになった。自分なりに当然と思える方向に進むしか術は無い。いつしか学校の常識からはずれ、自分の嗅覚がかぎ分ける当たり前を進むようになっていた。それが、周囲との「ずれ」を生むことになったのだろう。ただ、ずれと感じつつも、今さら引き戻る気も起こらず、何より当たり前のことは当たり前ではないのか、という開き直りを基盤に実践を重ねてきた。そういう姿勢が「ずれ」を生むと共に、共感を示す仲間との出会いも生んだ。

「何もしない時間」と、何年にもわたる教材研究や授業前の何十回ものシュミレーション、確かに対照的に映る。しかし、私の中に矛盾はない。その時、自分で必要だと感じるもの、直感的に湧き上がること、それに素直に従ったに過ぎない。これらは感覚的なものであり、何かの理論に支えられるものではない。そのため、確かに一部からは眉をひそめられることもあった。

実践の成果の証は、理論ではなく、子どもである。湧き上がること、直感的なものに支えられた実践の数々は、確かに子どもを変えた。その手ごたえが、次の実践を生んできた。こうした循環を生み出したのは、束縛されず、自由であったからではなかろうか。純粋に子どもを見、ひたすらに教材に向き合い、その本質や根源を探り、それを子どもと共にするように努めてきた。そのためには、教師は自由でなければならない。自由を求めるために闘う覚悟がなければならない。

ある時、自分の想いに反して、周りの意見に従おうとしたことがある。それなりの経験を積み、そろそろ周りにあわせる大人になる方が、という想いが横切ったのである。研究部の研究授業で自分がやりたいと思った単元を避け、周りが勧める単元に代えた。授業の評価はそれなりのものになったが、不思議なことにその時間の子どもの顔は全く思い出すことすらできない。そして、自分の中にずっと「あの単元をしなかったこと」の後悔が残る。後年、この後悔を後輩が晴らしてくれた。彼はすがすがしい顔で、あの授業に挑戦してよかった、と語る。その彼すらも、周囲からは単元選択の酷評を受けたにもかかわらず……

授業の形が決められていく。はじめに「めあて」を提示し、おわりに「ふりかえり」でまとめる。授業中には、必ず少人数で話し合うことが求められる。授業が公式化されてゆく。ここにこそ、閉塞感が生じるのではなかろうか。かつて指導書ばかり頼らず自分で考えろ、と叱責するのが職員室ではなかったのだろうか。学習評価には「人間性」が謳われている。誰もが同じではなく、個性が光る授業。一体、教師の横並びの授業から、子どもの人間性がどのように生み出せるというのだろうか。

各学校でマニュアル化が進み、「○○学校スタンダード」が作られていく。

誰もができるように学年が進み、担任が変わっても同一歩調で進み、子どもに混乱を与えないように……「チーム学校」の実現を目指した取り組みを謳う。

かつて山田小学校で教員に尋ねられたことがある。

「山田ではスタンダードを作らないのですか?」

「いいえ、山田にはスタンダードがありますよ。」

「どんなスタンダードですか?」

「それは、教職員一人ひとりが、その人らしくあること、です。」

自分が目指す授業があり、創りたい学級像があり、それぞれが、そこに向かい進むこと。ならば「進む」ということだけをスタンダードにすればどうだろうか。もし立ち止まり、足を止める者がいれば、大丈夫？　と声をかける。それがチーム学校なのではないのだろうか。

同調すれば、軽い。自ら考えずとも、示してくれるからである。自分の立ち位置を確かめずとも、座標を示してくれる。確かめる必要すら、無い。足並みをそろえ、歩めばよい。そこに、自分の意志が表れ、それが違う向きを示すならば、厄介が起こる。だから、意志を捨て、従うことになる。しかし、果たして、そこに「自分」が居るのだろうか。

自由を求めることは、同時に厳しさを課すことになる。それぞれが自由を求めるならば、それぞれが自分を振り返り、自分の行く先を模索しなければならない。自分の足で立たねばならない。自由には、それなりの重さがあり、厳しさがある。自分を見つめ、自分と対峙しなければならない。しかし、自立する者が目指す先にこそ、自由があり、教育が生まれる。

教師は、何よりも自由でなければならない。なぜなら、教育は創造であり、授業は芸術だからである。教師は、芸術家である。子どもを高みに導き、素晴らしい世界が拡がることを教室というキャンパスに描き出さなければならない。だから、自由が必要になる。

模倣や隷属の中に、真の教育はない。

〜　柔らかくあること　〜

信念を持つ。

教員になった当時の目指すモットーだった。初任の養護学校で、手探りで実践を進めていく中で、発達論に出会い、感覚統合訓練に出会った。専門用語が並び、データに裏付けられた理論は、当時の私にとって、何より魅力的に映った。専門書を買い込み、研修会があると聞けば、東京まで出かけた。そして、発達論の目で子どもを見、記録をつけていった。それが評価され、当時としては異例の4年目の内地留学にもつながった。

何か確かなものを手にしたかったのかもしれない。耳慣れない専門用語を話すことに、あこがれたのかもしれない。強いもの、確か（に見える）もの、そういうものへのあこがれが、確固たる信念への期待につながっていった。本を読み、特別な言葉で話す自分に満足し、いつしか発達論に子どもを当てはめようとしている自分がいたのかもしれない。

柔らかくあること……

いつからだろうか。強さよりも、柔らかさに目が行くようになった。確固たる、よりも、柔軟に、と思うようになった。こうあるべきではなく、こうあるのか、と思えるようになった。先にある自分を目指すのではなく、今ある自分に寄り添うようになった。自分に向けた視線を、相手の視線に合わせて見ようと努めるようになった。それでいいじゃない、と思えるように、許せるようになった。素直に感動できるようになった。子どものことを素晴らしいと心から思えるようになった。時間の伸縮性に気づくようになった。何気ない景色の中に、永遠を見つけられるようになった。

柔らかさは、強さよりも強い。柔軟さは、信念よりも確かである。

保護者と話す時がある。自分の子どものことであり、必死の訴えである。語調も荒くなり、激しく迫られることもある。そんな時、保護者自身に向かい、「あなたは、今、どこにいるの。」と探す自分がいる。傾聴、専門書の言葉である。しかし、専門書に結末は描かれない。聴くのではなく、探す。あなたは、今、どこにいるの。それを探している。どこに立ち、何を思い、どこを向いているのか……そして、その先には何が見えているのか。

あなたは、今、どこにいるの。

目の前で話している事案より、もっと深く、もっと根源的なものがある。事例を借り、そこに感情を乗せていることに、話している本人ですら気づかない、もっと奥にあるものがある。事例を借りて、それを表現している。あなたは、今、どこにいるの。声に出さず、呼びかけてみる。言葉は無力である。聞くことすら、意味をなさないこともある。

あなたは、今、どこにいるの。柔らかさの強さに気づき始めてから、気づいた感覚である。


柔らかさは、広い。柔らかさは、包むことができる。どんなふうにでも形を変え、大きさも自由になる。だから、そばに居ることができる。

柔らかさは、あたたかい。柔らかさは、ゆっくりである。柔らかさは、柔らかい。だから、ぴたっと寄り添うことができる。

かつて、強い自分を作ろうとしていたのに、今、そんな自分を壊そうとしている。

悩む子、つまずく子がいる。そういう姿を愛おしく、ゆっくりと見守ることができるようになる。

柔らかくあること……

～　群れず、群れること　～

群れれば、あたたかい……

初め、そう感じていた。自分に自信がなく、群れの中にいれば、何より安心できる。逸脱せず、同様に足を進めれば、間違いなくゴールにつながる。なぜか、そう思い、そう考えていた。そして、そういうふうに向かう自分に納得していた。

いつからだろう。群れることに窮屈な思いが芽生えてきたのは。

初任校の話が続く。

大学で特殊教育（当時）を専攻していたとはいえ、養護学校の教育に実際に関わることは初めての体験である。周囲も同様だった。当時は通常学級の教育には長けているベテラン教員でさえ、養護学校の教育には充分な確信を持ててはいなかった。放課後、職員室に戻り、雑談をし、時にはスポーツをすることで互いに気を紛らわせていた。それは楽しかったし、何よりも仲間意識を持つことができた。どこかに引っ掛かりを感じつつも、毎日を仲間と過ごすことは安心であり、その中で悩みを共有することもできた。

群れに属さない教員がいた。放課後、別室にこもり、専門書を広げていた。こういう分野に詳しいことは、誰もが認めていたが、仲間に属さない以上、校内での発言権には乏しかった。ただ、どこか気になる存在ではあった。仲間との日々を過ごしながらも、いつか別室を訪れてみようと思うことがあった。

ある時、思い切って別室の扉を開けてみた。そこで、彼は本を開いていた。のぞいてみると、本は英文で綴られていた。読みたい本が、まだ日本語に翻訳されていないので原書にあたっている、ということだった。昼間見る子どもたちと英文の文献には、どこか隔たりがあるように思えた。「本を読んでも、子どもを理解することはできない。」仲間の声が聞こえるようにも感じた。でも、そこから話し込んだ。理解されなくてもいい、と彼は言う。自分は子どもを分からないから、分かりたいと思って、本を読んでいる。一方、私は分からないから仲間との雑談に逃げ込んでいる。いつも、自分に感じている違和感は、ここなのではなかろうか。

翌日、リーダー格の先輩に、「今日から、私は放課後勉強します。」と宣言しに行った。先輩はいぶかしげに、私を眺めていた。今考えると、わざわざ宣言する必要などない。黙って実行すれば良かった、とも思う。別室の彼から紹介された本を広げ、彼が英文で読んでいた感覚統合訓練の研修に共に出かけた。

何のことはない、別な群れに移っただけなのかもしれない。ただ、一つ学んだことがある。自分の嗅覚に従うことだ。多勢に慣れ、主流に身を任せるのではなく、自分の違和感を大切にすることだ。そのためには、自分の感覚を磨かなければならない。主流に立ち向かう覚悟を持たなければならない。

いつか、理論にも限界を覚え、一人で歩いてみようと思う自分がいた。

その私が、又新の会を主宰している。

又新の会には、暗黙の了解がある。それは、ハウツーは話さないということである。根本にある考え、想いを交流する会である。その考えを説明するために事例を用いることはあっても、方法を押し付けることは厳禁である。

教員生活の中で、どこか限界を感じ、自分の立ち位置に違和感を覚えることがある。行く末に対し、別な方向を探そうとすることがある。自分の実践に疑問を持つことがある。それは、普段の仲間の中で解消することは難しい。自分自身に対峙することになるからである。

そういう時に、ふと、自分と同じような課題を有している存在に気づく。嗅覚である。どこかに共通するものを感じ、同じ迷う仲間であることに共感することがある。探すではなく探していたものが見つかり、求めるではなく求めていたものが眼前に広がる、そういう感覚である。その集まりが、又新の仲間である。

校長時代、ある授業を参観した。素晴らしい授業、素晴らしい学級経営である。しかし、どこかに迷いを見た。だから、授業者に手紙を書いた。「あなたは、今、迷っているのではありませんか。」すぐに返事が来た。「そうなのです。私は学級経営ができるだけに、授業に迷っているのです。」彼は、今、又新の中心的なメンバーの一人である。

群れず、群れる。

山田小学校で、授業を核とした学校づくりを実現することができた。夢が叶ったのである。

特に人材を集めたわけではない。私を慕って教員が集ったわけでもない。山田で初めて出会った人ばかりである。特段、授業に意欲を持つ教員の集合でもないし、研究会を好む教員でもなかった。ごく普通の田舎の小さな学校である。

夢を語り、授業に介入し、疑問があれば話し込み、ただ、それを繰り返した。やがて、私の夢は教職員の夢になり、学校の目標になった。数々のドラマが生まれ、職員室が熱くなり、笑顔の中に熱気がこもるようになった。熱気が高まるにつれ、一人ひとりが自由になった。そして、夢が実現した。

群れずに、群れる。

2. 常識とは何か

ゼミ生が、「学校の常識を疑うこと」を卒論のテーマに扱いたいと言う。変わった学生だが、何より感性が豊かで鋭いものを持つ。参考文献は、イリイチの『脱学校の社会』。変わった教員には、変わった学生が集うのかもしれない。

思えば、なぜ発表する時に手を挙げるのかが分からない。そんなこと、学校教育法にも施行規則にも書かれていない。第一、普通このまま会話する時に、いちいち手を挙げて話す人などどこにもいない。これ、不思議だと思わないかい。そう、ゼミで話したことがある。実際に担任時代、教室で挙手を不要にしたこともある。すると、実にスムーズに意見が飛び交うようになった。そういう子どもたちの姿を見て、挙手の持つ二重の意味に気がついた。一つは「意見がある。」の意思表示、そしてもう一つは「もうこれ以上聞きません。」の意思表示。

授業の始まりに「お願いします。」終わりに「ありがとうございました。」と唱えるクラスが多い。主体的な子ども、子どもが主体的に学ぶ姿を期待するのなら、誰にお願いし、誰に礼を述べているのかが、分からない。そういう授業に限って、授業後の検討会では、主体的な学びが議論になる。

ある雑誌から、挨拶についての寄稿を依頼されたことがある。そこで書いたのが、以前から気になっていた、来客への挨拶である。校門をくぐると、やたら大きな声で「こんにちは。」と挨拶してくれる学校がある。初めの、2，3人は心地よく聞こえ、自分の学校と比べてしまうのだが、重なってくると正直閉口する。そのうち、はたと気づく。客を見たら大きな声で挨拶をしなさい、という学校の指導に従っているだけではなかろうか。子どもたちは相手ではなく、学校の決まり、自分たち自身の納得のために大きな声を挙げている。相手に気持ちを届けるという第一義は、どこにあるのだろうか……

給食当番を連れて給食室に行く時、当番を全員並べて、「おいしい給食、いただきます。」と唱えるクラスがあった。ある時、その担任が頭を抱えて職員室に戻って来た。調理士に叱られたそうである。「なぜ、食べてもないのに、『おいしい』と分かるのか。」至極、もっともである。誰よりも給食づくりに誇りを持った調理士だったからこそ、紋切り型で心の籠らぬ言葉を見抜いたのではなかろうか。

学校は、根拠のない常識に縛られている。

宿題を出すのは、教師の恥……かつて、先輩に言われた言葉である。先輩は言う。「指導案の最後を見てごらん。最後には、練習題をさせるようになっているだろう。45分間で定着までさせるのが授業というものだ。」かつて、保護者から「算数の神様」とまで言われた伝説の教師である。私は先輩の域まで到達することは不可能だったが、担任時代、宿題忘れで子どもを叱ったことは、一度もない。代わりに提出した子どものノートに一人ひとりコメントを書いた。私の力量不足を子ども自身が補ってくれた償いである。それは、保護者からラブレターと呼ばれるようになり、今まで宿題を忘れがちな子が提出するようになった。教育基本法に「家庭学習」が謳われ、「家庭学習の手引き」たるものが委員会から示される時代である。授業を完結することに心血を注ぐべきはずの時間が、その労力を家庭での補習の世話に時間を割くことになる。なるほど、教員の多忙化にはうなずけるところがある。

神戸は、雪が少ない。そんな町にも、数年に一度、大雪が降る。子どもたちは運動場に積もる雪を見て、わくわくしている。そんな朝は、雪遊びに限る。雪玉を投げる際には、絶対に雪玉の中に石を入れてはいけないことだけを話し、子どもたちを運動場に放つ。雪合戦を始める子がおり、日頃の腹いせか、いつか担任が標的になる。何人かで雪だるまを作ったり、雪ウサギを作ったりする子もいる。そんな様子を、どのクラスも窓からうらやましそうに見つめている。なぜ、教室から出ないのか。それが分からない。どのクラスの算数も国語も成立していないではないか。

3年生のゼミ生が、「言霊」を研究したいと言う。教師が子どもに語る言葉にも、そういうものが宿るのではないか。耳慣れない言葉だが、どこか惹き付けるものがある。早速、地元が誇る民俗学者、柳田國男の文献を探り始めている。

変わったゼミには、変わったゼミ生が集う。

3．感じた違和感、感じた不易

教育センターの指導主事として、中堅教員研修に関わった。研修の一環として、授業研究があった。10名程度でグループを組み、代表者が授業を公開し、その授業をグループで検討する仕組みである。私は担当として、ある算数グループの授業研究に参加した。

落ち着いた授業で、学級全体で課題を追及するスタイルであり、子どもの表情にも充分に満足がうかがえた。ところが、授業後の検討会が始まるや否や、疑問と批判が続出した。なぜグループトークを行わなかったのか、ということである。その授業は、常に学級全体で考え、討論も全体の中で行われていた。子どもたちは発表する子どもの方を向き、うなずいたり首をひねったり、疑問を呈したり、そういう中で議論は充分に深まっていた。

ところが、参観者は「グループで話し合う」という形式が無かったという一点に、非難が集中したのである。中堅教員研修という研修の性格上、全員が参観した授業についての意見を述べる必要がある。担当として司会をしていた私は全員の意見を一渡り聞いた後、参観者に質問した。「今日の授業で、なぜグループによる話し合いが必要なのですか？」

この私の質問に、参観者は全員驚き、黙ってしまった。私は、一人の参観者に発言を促した。すると、「でも、授業って、隣同士やグループで話し合う場が無ければいけないんじゃないのですか？」他の参観者は「アクティブラーニングだから……」と言う。彼らは、授業を形として見ている。授業の内容、子どもたちの表情、発言、反応、そういうものは見ていないのだ。決められた形式通りに授業が進むかチェックするために参加しているのだ。その指導案に、グループによる話し合いが欠けていたため、そこを指摘すれば、中堅教員としての責任が全うできると考えている。

彼らは、不真面目な教員なのだろうか。決して、そうではない。それぞれ中堅教員として、学校の核となる存在になりつつあり、若手教員にも指導する立場にもある。彼らは就職して以来、真面目に授業に取り組み、研修を重ねてきた教員である。しかし、彼らは「自分で考える」ということを放棄している。与えられた物差しで見、与えられた形で教育を縛ろうとしている。自分で考える、ということに気づいていないのだ。

事実、研修後の感想の中には「なぜ（私は）必ずグループによる話し合いをしなければならないと思い込んでいたのだろうか。」「自分が今までとらえてきた授業とは何だったのか。」そういう言葉が並んでいた。中には、どの授業でも「話し合う」という形式に慣れることで子どもの表現力が高まるのではないか、という指摘もあった。そう、考えても良い。しかし、そう考えること自体、その教員の中での自分なりの教育の原点に立ち返ってみたことを、示唆するのではなかろうか。

今、そういう立ち返りが必要なのではなかろうか。教員一人ひとりが、自分なりに教育をとらえ直してみようとする姿勢が求められているのではなかろうか。「働き方改革」が叫ぶような教師の余裕の問題ではない。これは、教師自身の姿勢の問題であり、志向性の問題なのである。「学び続ける教師」。それは、人の言葉にただ従うのではなく、自分の言葉を持つことである。

教育が、形に縛られていないだろうか。

同じく、中堅教員研修である。神戸市では、この研修の一環として、児童自立支援施設の見学を取り入れている。何らかの事情で家庭を離れた児童・生徒が、寮生活を送り、昼間は施設内にある小学校や中学校の分教室で学ぶ施設である。この施設を見学し、寮長や寮母から話を聞く研修である。この時、参加した教員たちは実に生き生きと質問を重ねる。指導主事が司会という手前、時間の制約もあり、どうしても途中で質疑を打ち切らざるを得ない。

形に縛られる教員と、自らを解き放つ教員は、同じ教員である。そもそも教師を志す者は人間に関心が深いはずである。だから、自らの疑問や関心を施設職員に投げかけ、納得するまで尋ねようとする。この執着する姿は、教員として不易の姿である。なのに、教員本来の職務である授業においては、中途で投げ出される。ここに違和感は、覚えないだろうか。何が、彼らを閉ざすのだろうか。

～　10年後のために、学ぶ　～

管理職として、若い教員に「夏休みに、毎日、学校に来る教師にはなるな。」と伝えてきた。夏休み、学校の閉校日以外、毎日学校に出勤しては教室にこもったり、職員室で雑用を片付けたりする教員がいる。至極便利で、教頭やベテランの教員に声をかけられ、一緒に作業している。こうした教員は、真面目で熱心な教員と評価される。本当だろうか。

明日の授業に備え、熱心に指導書をめくり、教材を準備する教員がいる。遅くまで職員室に残り、ノートに丸をつけている姿を見かける。果たして、彼らは真面目な教員なのだろうか。明日のために努力する教師は、真面目な教師である。しかし、本当に真面目な教師なのだろうか。

特別支援教育の先達として名高い、池田太郎先生がいる。昔、池田先生の講義を受けたことがある。池田先生は、こう尋ねられた。「みなさん、初めてのボーナスをどう使われましたか。」覚えていない、何に使ったのか。池田先生は「私は、初めてのボーナスで、『日本文学全集』を買って、読みました。次のボーナスでは『世界文学全集』を買いました。」池田先生は、初任教員として、特別支援教室を担任し、その対応に苦慮されていた頃である。文学全集など、明日の実践には役立たない。しかし、先生は言う。「教師は、本を読まなくっちゃいけません。」初任校の特別支援学校に勤務していた時、先輩から「黙って、特別支援教育に関する本を100冊読め。そうしたら、特別支援のことがだいたい分かるから。」本を読むことは、明日の授業には、即役立つことにはならない。

若い男の教員と6年生を担任したことがある。彼は国語に興味があり、2学期に宮沢賢治の『やまなし』の授業に挑戦することになった。二人で賢治の全作品を読んだ上で、私は彼に告げた。夏休みに、花巻に行ってきなさい。花巻には「宮沢賢治記念館」があり、賢治の生家がある。かつて賢治が教えた花巻農学校も残り、賢治がイギリス海岸に見立てた河岸を見ることができる。時代の隔たりはあるものの、賢治が見つめたであろうものを見、同じ空気を吸うことから得るものは大きい。今でも花巻農学校の生徒たちは賢治が黒板に書いた「ウラノハタケニイマス」の文字を書き足しているということ、コンビニの駐車場から『銀河鉄道の夜』のモデルになった陸橋を眺めることができること、こういうことを、そこで感じた想いを、子どもたちに話せば、どれだけその瞳が輝くことだろう。そして、それは子どもだけでなく、教師自身の財産を増やすことになる。

明日に生きずとも、こうした蓄えは10年後に生きる。10年後のために努力する教師こそが、本当に真面目な教師なのではなかろうか。

子どもは目先のためにあくせくする姿勢は、簡単に見抜くし、尊敬もしない。

4．黙って100冊読みなさい　（出会い　メンター）

出会いは偶然に見えて、必然である。

求めるからこそ出会うのであり、求めないところに出会いはない。

ある学校の夏季研修として「メンター研修」について話してほしいと頼まれた。メンターの意味をとらえ直し、それは、その人にとっての「この人」と呼べる人ではなかろうか、と勝手に解釈した。その上で、さて自分自身を振り返り、私の「この人」、メンターとは誰だったのだろうと考えてみた。多くの出会いの中から、脳裏に浮かんだのは、二人だった。40年で二人。これは多いのだろうか、少ないのだろうか。

初任校で特別支援教育に悩んでいた時、ある先生が転任して来た。彼は、通常学級を10年ほど担任し、特別支援教育をさらに深めたいと養護学校への転任を希望したのである。ところが、当時の養護学校には、彼が期待したような教育は見つからず、反対に彼自身が周囲に啓蒙する立場になったのである。

私は、大学で特別支援教育を専攻していたにもかかわらず、実際の現場での実践に悩んでいた。ある時、私は自分の考えを職員会で発言した。その夜のことである。彼から飲み会に誘われた。彼は酒好きで、週に何度も同僚を誘っていた。当時、初任に近い私にとって、先輩の誘いを無碍にすることもできず、週に一度は誘いに乗ることになっていた。その夜、彼の前に座ると、彼がいきなり言った。「板東、お前が職員会で話すのは百年早い。まず、黙って特別支援に関わる本を100冊読め。そうすれば、だいたい特別支援に関わることが分かる。それから、発言するようにしろ。」

今考えると、パワハラである。彼は飲むと、本の話をする。私は、先輩の話を聞きながら、必死でその本の題名と著者を頭に叩き込み、次の日、本屋に行き、その本を探す。村瀬学との出会いもその頃である。こうして、いつか知らずのうちに、先輩が課した100冊のノルマもクリアしていた。

「もし、寝たきりで体を動かすことも、言葉を発することもできない子どもを担任したとする。お前はこの子にどうかかわるのか。」先輩に尋ねられたことがある。私は、答えられなかった。何をするのだろう……黙っている私に向かい、先輩は言った。「私は、教師だから授業をする。ベッドの横で、授業をする。その子の明日のために授業をする。」教師だから授業をするのは、当然である、先輩はこともなげに話す。答えられない自分を恥じた。

数日後、その先輩がこう話した。先輩がある席で校内のより先輩に同じような質問をしたそうである。その上で、彼自身の考えを先輩に話すと、その先輩から「明日のためではない、今、のためだ。」叱られたそうである。こういう話が飛び交う職場だった。今振り返ると、職場内でまさしく教育哲学が語られていたのである。その後、何校も転勤したが、ハウツーが語られる職員室はあったが、哲学について語り合う職員室には出会うことはなかった。

「学校経営の基本は、授業です。」赴任早々の職員会で開口一番、こう語った校長に出会ったのは、これが初めてであり、最後である。「変わった校長だな。」違和感を感じながらも、その意味を深くとらえることはなかった。研修で校長が語る問題解決学習の仕組みについても、理論と実際は違う、とどこか聞き流していた。

ある土曜参観の折、保護者に交じって参観に来た校長に、後日「社会科の授業は、分かりません。」と話しかけると、「そうでしょうね。」と軽くいなされた。「あなたの授業を見れば、分かります。」それから、時間があるたびに、校長室に通った。この姿は、後年、今度は自分が校長という立場に代わり、再現された。

校長は、指導案と実際の授業は1分とずれることはない、と言う。授業には品がある、上品な授業を目指しなさい、と言う。子どもの背中に回り込む、授業とはいかに子どもの背中に早く回り込むか、だと言う。その場で解釈しきれない感覚は、初任校の教育哲学以来の感覚である。

自分が校長になり、語りかける立場になった時、はっと思う瞬間がある。あれは、こういう意味だったのか。少し分かりかけるまでに、何十年という時の流れを要している。不経済なことは、この上ない。おそらく、これを不易と名付けるのだろう。ならば、私も手渡さなければならない。伝えなければならない。メンターは、こうして成立する。

かつて卒業論文を書く際に指導いただいた方から話されたことがある。「私は、私を必要とする人に、たっぷり時間をかけて伝えることにしている。しかし、あなたが通う大学の先生方は、たった一言、二言で、それを伝えることができる方々だ。私にはそれができないから、ゆっくり時間をかけて話そうと考えている。あなたが、いつか語る立場になれば、時間をかけて伝える人になりなさい。」確かに、私には一言で伝えることができる力量は備わっていない。だから、私も時間をかけて話すようにしている。それは、力量不足を補うという第一義と共に、出会いを楽しんでいるからではないかと、自身をいぶかるのである。

果たして、私自身、誰かの「この人」、メンターになりえているのであろうか。

5. 私の1時間目

私の1時間目は、たいがい雑談から始まる。本の話、宇宙の話、歴史の話、時事的なニュース……黙って黒板に一言書いて始まることもあれば、突然話し始めることもある。いつのことからだろうか、このように学級がスタートするのである。話し始めると、10分、20分はあっという間に過ぎてしまう。時には、45分間が、この話題で過ぎることもある。

「宇宙には、たった一つ、絶対の決まりがあります。それは、どんなにスピードを上げても光速を越える速度は存在しないということです。」

突然始まる私の話に子どもたちは思わず耳を傾ける。「ある人がこんな夢を見たんだ。」そう前置きをして、黒板にロケットの絵を描く。「ここに光速で飛ぶロケットがあったとして、そのロケットからパイロットがピストルを撃ったとします。すると、ピストルの弾のスピードは、ロケットのスピード＋ピストルの弾のスピードになります。でも、宇宙では光速を越えることはできないから、ピストルの弾のスピードは、0でなければならない。ピストルの弾は動くことができない。つまり、ピストルを撃っているのに弾は出ない、ということになります。不思議だね。」子どもたちも、頭をひねる。

「これが、『世界一有名な夢』と言われています。この夢を見たのが、アインシュタイン、という人です。」知ってる、聞いたことある……そして、ここから時間と空間の話。相対性理論についての話が続く。

こういうパターンで、私の1時間目は始まる。


この話を大学で学生に話しても、一様に聞き入る。かつての小学生と変わらない。元来、人間には知的好奇心があり、そこをかき立てられると誰もが思わず興味を持つ角度、引きずり込まれる景色があるに違いない。雑談には、この力がある。そういう世界を見せてくれる教師を通して学問の扉が開かれる。子どもは、学びに対する興味を持つ。この先生は面白い、この先生について行けば……そういう教師と子どもの関係を築くことは、教育の基本にあるのではなかろうか。教師の仕事が「職務」になり、子どもの学びが「義務」になる時、果たしてそこに「主体的な学び」は生まれるのだろうか。教師と子どもが共に目を輝かせて追求していく学びの姿を、教育は求めてきたのではなかろうか。

教育課程の報告がある。どの教科を何時間授業したか、という報告になる。各教科の標準時数は指導要領に定められており、この時数をクリアすることが、学校に求められる。しかし、不思議なことに時間数の報告は求められるものの、各授業の「濃さ」を報告する必要はない。何時間行ったかという結果だけが求められる。もちろん、濃さを示す指標が定められないから、ではあろうが、ここに矛盾はないのだろうか。

雑談は無駄話であり、標準時数を減らす要因になる。しかし誰もが自身の学校生活を振り返る時、こうした教師の無駄話を懐かしく振り返ることがあるのではなかろうか。中にはそれがきっかけで本を読んだり、何かを調べるきっかけになったりしたことはなかろうか。無駄話は、本当に無駄なのだろうか。

小学校の高学年が一部教科担任制に移行される。教科担任制と学級担任制の一番の違いは「時間の絶対性」である。時間によって担当が入れ替わる教科担任にとって、時間を守ることは絶対である。延長は許されない。学級担任は、時により次時に食い込むこともある。時間に伸縮性がある。この伸縮性こそが、小学生の段階に適しているのではないかとも感じる。

あっという間に過ぎる時間。なかなか終わらない時間。学校の時間には、様々な色がある。これを時計による時間一色に塗りつぶしていくことにこそ、学校に閉塞感が生まれる一因になるのではなかろうか。無駄話には、この閉塞感を打ち破る魔力が秘められている。不思議なことに中学や高校の教師からも、指導要領には規定されていない雑談を授業に盛り込むことの必要性を聞くことがある。

第4章　児童理解

1．子どもに学ぶ

教師は、子どもに学ぶ、仕事である。

使い古されたこの言葉なのに、実感するまでどれだけの時間がかかったことだろう。

初めて担任として臨んだ、卒業式。担任として少しは憧れる子どもの涙。例年、何人かが涙を浮かべ、言葉につまる場面を見る。保護者席や参列者も、一斉に目を潤ませ、担任も思わず涙を浮かべる。そういう場面に、どこかあこがれを持ちながら、式に向かった。ところが、その式では誰一人として涙ぐむ者はおらず、朗々とセリフを語る。立派な姿を誇らしげに見つめつつも、どこかに一抹の寂しさを覚える自分がいた。

式後、教室に戻り、子どもたちに「なぜ、泣かなかったの。」と問いかけた。子どもたちは答える。

「だって、最後まできちんとやりたかったから。」

練習の中で指導してきたこととは裏腹なことを求めていた自分。子どもたちは、最後まできちんとやり遂げたいという意思を持ち、それを完遂していた。その言葉とその姿勢に、思わず涙していた。すると、その姿を見て、子どもたちも一斉に泣き崩れた。最後の最後まで、子どもに教えられた自分。

子どもは育ち、いとも軽々と担任を越えていく。その姿をまぶしく思う。

教師は教えるのではなく、教えられるのだ。

特別支援学級の子どもが交流していた。体育の時間、バスケットボールのゲームが続いた。その子が属するチームは、毎試合負けが続き、対戦表には黒星が並んでいた。

ある時、特別支援学級の行事が重なり、その子が体育に参加できなかった。チームは、久々に白星を挙げた。対戦表に書き込みながら、ついそのチームの子どもに「いつも、ありがとうね。」と声をかけた。すると、そのチームの子どもたちはきょとんとし、「何で？」と尋ねてくる。「いや、いつも負けてばっかりだから……」すると、子どもたちは「そんなん、ええやん。私たちAさんとバスケットしたら楽しいよ。」

勝つより、楽しい。私は、自分が恥ずかしくなった。以来、体育に対戦表を持ち込むことは止めた。子どもには、本当に教えられる。

駅への帰り道。

ふだんの夕暮れの風景に　すぐに　あなた方はとけこんでいった。
そして、日常に戻った。
そんな、何気ない風景が、たまらなくあまく感じた……

全市連合音楽会の「手紙」の一部である。「ほろほろと」を歌い上げ、２０００人の観客を魅了した後、会場前で子どもたちの語りかけると、つい胸が熱くなり、言葉も途絶えてしまった。私の涙に誘われるかのように、幾人もが目を濡らした。

しかし、駅に向かう途中、彼らはもう元の日常に戻り、互いに笑い合いながら歩いている。あれだけすごいことを成し遂げたのに、それがあたかも当然であるかのように、普段に戻る。彼らと歩く当たり前の風景が、本当に甘く夕日に溶け込んでいくかのように感じた。

子どもたちには、幾度、驚かされたことだろう。自分の中でこれぐらいと構えていた壁を、彼らは軽々と超えてゆく。あれだけ教材研究を重ねたにもかかわらず、どこ吹く風、とあざ笑うが如く、想いもよらない道を見つけ出してゆく。そのたびに、自身の無力さをかみしめると共に、子どもの力の素晴らしさに感動する自分がいる。

教師は、子どもを教える仕事ではなく、子どもに学ぶ仕事である。

2. 荒れ

荒れたクラスを担任したことがある。

前年度、そのクラスを外から見、事件が起きた時の対応に関わる中で、自分ならこのクラスが担任できるかもしれないと考え、校長に担任希望を直訴した。願いは叶ったが、その自負は1週間と持たなかった。前年度を再現するかのように、暴言が飛び交い、配ったプリントは破り捨てられた。

一月も持たず、私は切れた。反抗するグループのボスのような男児と対立したのである。聞きつけた教頭が、その子を別室に連れ出してくれた。私は、他の反抗する子どもたちを廊下に連れ出した。「お前たち（そう、呼んでいた）のことなんか、もう分からない。学校でいろいろなことを言われるが、私はずっとかばってきたつもりだ。でも、もう分からない。」話しているうちに涙が出てきた。でも、構わず続けた。明日、いや、今日この言葉を話したら、もうそこから休もうと思っていた。

泣きながら叫んでいた。と、彼らの一人がポツンと話した。「ぼくらも、あいつ、苦手やねん。」初めて、彼らの本音を聞いた。外から見ると一枚岩のようにしか見えなかったグループにも様々な亀裂があったのである。それから、彼らはぽつりぽつり話し始めた。前年度のいじめ問題の際に、自分たちの言い分は全く聞いてもらえなかったこと、大人をからかう際に教師によって切れるタイミングがあること……彼らの話は続いた。「また、話そう。」意外にも彼らはうなずいた。

家庭訪問をした。問題が起きた時ではなく、理由なく学校をさぼった日である。ある寒い冬の晩、家庭訪問をした。玄関の戸を開けると、今日学校を休んだ男児が立っていた。彼はコンロで夕食のインスタントラーメンを作っていた。外には雪が降っていた。「今日、なぜ休んだのか。」「めんどくさかってん。俺が休んだ方が教室が静かでいいやろ。」「お前が休んだ方が教室は、静かや。でも、何でもいいから学校に来い。」彼は、私の方をじっと見て「食べる?」とラーメンを鍋ごと差し出した。私は、2，3口すすった。寒い中で、あたたかいラーメンはありがたかった。

1週間ほどして、下校時に彼が下級生をなぐった。その親が校長室に怒鳴り込んできた。彼に謝罪させろと言うのである。彼を呼び出し、謝罪するように話した。トラブルは下級生の悪口から始まったようで、彼は謝罪に応じない。グループの仲間も彼を取り巻き、謝罪する必要はないとはやしたてる。私は、グループのメンバーを解散させ、彼と個人的に話した。30分ほどして、ようやく彼は校長室に入った。

謝罪をすませた彼が校長室から出て来た。私は彼に声をかけた。「もう謝ってんから、ええやろ。帰らせろ。」意に添わぬ謝罪のせいか、かなり怒っている。私は、彼について来るように言い、学校を出た。「どこへ、連れて行くねん。」「黙ってついて来い。」

私は彼をラーメン屋に連れて行った。「この前、ごちそうさん。」彼は、「おなかが大きいから。」と言い、半盛ラーメンを、私は並盛を注文した。後日、彼の母親と話すと、ラーメン屋の話をすごくうれしそうに話していたそうである。


涙かもしれない。彼らとつながるのは……分かったように感じる。でも、分かった、は頭の中のことに過ぎない。頭では、つながらない。胸の奥がいっぱいになるような、言葉に詰まるような、理屈では追えないような。そんな時、語り始めるのは、涙かもしれない。大人が教師という殻を脱ぎ捨てて、一人の人間としてその想いを何とか伝えたいと切に願う時、言葉は出番を失い、涙に翻訳される。涙は、万国共通語である。涙は涙を誘う。一体、彼らに幾度涙したことだろう。

不思議なことに、今は涙が言葉に還元されて、胸に宿っている。

3. 裏と表、不登校に思う

教師は、学校に通うことを善、休むことを悪ととらえがちである。果たしてそうだろうか。学校に通う、休む。これは、ただ物事の裏と表に過ぎないのではなかろうか。教師は通うことを善と決めつける。表からしか見ようとしない。裏は悪に映る。物事には両面があるととらえるならば、不登校も違って見えてくる。

転校生がいた。聞けば、前の学校でも休むことが多く、半分も登校すれば良い方だという引継ぎを受けた。父子家庭だった。幸い、クラスに気が合う友達ができ、彼はほぼ休むことなく、登校を続けた。たまに休むと家庭訪問をした。彼とも話したが、主に話すのは父親とだった。父親も私と話すのを楽しみにしているようで、いつか訪ねた時に、私専用の湯呑を買ったと見せてくれた。いつも父親とお茶を飲みながら話していたのである。卒業までいろいろなことがあったが、彼と話していると休むのもやむを得ないと考えるようになった。

学校の近所の子どもがいた。彼が学校に来なくなった。朝、声をかけに行き、途中の休み時間にのぞきに行き、放課後、話しに行った。当初は、たまに顔を見せることもあったが、いつからか彼の顔を見ることは、ついぞなくなっていた。玄関端で母親と話すのが常になった。母親も申し訳ないと言うことが増えていった。私は、担任がここに来ているのだから、今、ここが教室だ、と答えた。3年間、卒業まで通った。

その中で、こんなことがあった。放課後、訪問すると、母親が彼のローマ字帳を手に、私を待っていた。私の顔を見ると「先生、ここ見てください。」そう言って、付箋をつけたページを見せてくれた。そこには、「SENSEI ITUMO ARIGATOU（先生、いつもありがとう）」と書かれていた。私は、それを見て思わず、涙が出た。それを見て、母親も同じように泣いた。「お母さん、今日はもうこれで帰るわ。」

不登校。いけないことだろうか。学校に行く。学校に行かない。これは、単に物事の裏表に過ぎないのではないだろうか。教師は、学校に籍を置くものだから、とかく片側からしか見ようとしない。行くことが善であり、行かないことは悪なのだ。何事にも裏と表があり、教師は両側より見るべきである。学校に行かないことにも意味があり、教師はそれをも支えなければならない。


卒業してから、突然、メールが来ることがある。進んだ先で悩み、苦しい想いを伝えてくる。もはや、担任ではなく、ただ聞くだけである。逆に、ただ私の近況を聞くだけでいいと告げる子もいる。

かつて先輩に、「板東さん、担任は一年だと思うのではなく、一生付き合うと覚悟しなさい。」と言われたことがある。その時は、どこか言葉が吹き抜けていったかのように感じていたが、いつしかその言葉がしっかりした陰影を伴って、胸に宿っていることに気づく。確かに、そうなのだ。

大学時代の恩師が『同行教育』ということを話されていた。遠い過去の記憶のはずなのに、なぜか鮮明な輪郭を形づくる。その人の人生を変えることはできないが、一緒に歩くことならできる。大学で学生に話す身になり、遠くに刻まれていたこの言葉がよみがえり、口を突く。確かに、そうだ。

担任は一年ではあるが、担任したという事実は一生続く。不登校は、ただ学校という場所で出会わなかったということに過ぎない。しかし、出会ったということ自体は紛れもない事実なのである。

一期一会……これも刻まれる言葉になりそうである。

第5章　捨てる

1．何もしない時間、再び、

かつて、担任時代に「何もしない時間」という時間を作った。当時は、自分自身特別な意義を込めた実践ではなかったが、ある雑誌に紹介すると、かなりの反響を得た。振り返るとこの実践は、私が取り組んできた実践をどこか象徴するようなものであると感じる。実践の内容は、拙書『授業論』に描いたが、ここでは実践の反響の意味を加えて取り上げてみたい。なぜなら、そこに「何を伝え、何を遺すのか」に通ずるものがあるように思えるからである。

〜　何もしない時間　〜

「今から、何もしません。」

子どもたちを中庭に連れて行き、私はそう告げる。そして、それから1時間、本当に何もしないのである。

中庭は、校舎の裏手にあり、真ん中にそびえる大きな木の陰に覆われ、ややうす暗い。

片隅に飼育小屋があり、何匹かのウサギが跳ねている。運動場の音は校舎に遮られ、周囲は学校をぐるりと囲む塀に閉ざされ、何か包み込まれるような空間である。ウサギの世話に立ち寄る飼育委員会の子どもを除いては、日頃から人影も少ない。学校の敷地の中で忘れられたような余白の場所である。

私の指示に子どもたちは戸惑う。何もしない、を、何をしても良い、と解釈するのだろう。仲の良いグループに分かれ、ここかしこに話の渦が沸く。何もしない、と宣言した手前、私も注意することはできない。ただ、黙って眺めている。

どれだけ時間がたったのだろう。ふと、気がつくと、いつの間にか中庭が静まり返っている。仲の良い者同士が固まり話し込んでいたはずなのに、いつか群れをほどき、自然に距離をとり、一人ひとり座っている。

中庭の静けさは、静寂ではない。忘れていた都会の喧騒が聞こえてくる。学校は駅に近い。電車の音、駅のアナウンスの声が聞こえてくる。思い返せば、こうした音は当然聞こえてくるはずなのに、学校にいる間にいつかこうした音を遮断していたことに気づく。

鳩が舞い降り、飛び立って行く。その羽ばたきの音が聞こえ、舞い立つ砂ぼこりを見る。本当は、日頃から見慣れているはずなのに、なぜか新鮮な感動を覚える。都会にも豊かな自然が潜んでいるのだ。

そんな様を、ただ私も子どもたちも見やっている……

「何もしない時間を、終わります。」

どの子も夢から覚めたような表情をする。離れていた友達が元通り、群れに戻る。

「先生、音楽室からリコーダーの音が聞こえてきた。」

当然のことである。中庭を囲む校舎の3階に音楽室がある。わざわざ5年生の子どもが担任に伝える内容ではない。なのに、その言葉に感動する自分に驚く。

私は、時々、子どもたちを中庭に連れて行き、「何もしない時間」を過ごした。

～ 草抜き ～

思い起こすのは、前任校の草抜きである。

田舎に立地した学校は、校舎裏に広大な畑を学習園として借りていた。そこで、全校生が3千株のサツマイモを植え、育てる。苗を植えて、しばらくすると雑草が伸び始め、そこから草との格闘になる。栽培担当の私は、毎朝毎夕、畑に出かけ草抜きに精を出した。

その様子をクラスで話すと、子どもたちも一様に関心を示した。そこで、子どもたちを草抜きに連れて行った。畑は広い。一人、一うね。2時間連続の草抜きになる。あれほど関心を示していたにもかかわらず、何のことはない、友達と話しているだけである。草を抜くのではなく、申し訳程度にちぎるだけ。興味の関心は専ら友達との会話である。そんな子どもたちを横目に見ながら、私は一人黙々と草を抜く。

どれほど経ったのだろう。気がつくと、周りがしーんと静まり返っている。子どもたちもおしゃべりを止め、一人ひとりが草に向き合っている。足元にちぎれた草が積まれていたが、いつの間にか抜いた草にごっそり土が纏っている。空が、高い。時間がゆったり流れていく。

田舎とはいえ、学校は駅に近い。電車の音が聞こえる。駅のアナウンスが響いてくる。空を飛ぶ鳥のさえずりが聞こえる。畑向こうを走る車の音が聞こえる。学校の周りには、こんなに音があふれていたことに改めて気づく。

「終わろうか。」声をかけると、子どもたちは一様に驚き、夢から覚めた表情になる。畑からの帰り道、女の子が声をかけてきた。

「先生、土ってあったかいんだね。」

～　ふと、の持つ意味　～

振り返ると、何もしない時間は、ふと、行ったのであるが、明らかにこの「草抜き」が下地としてあることに気づく。ある学会で「何もしない時間」の発表をするため、草稿を練っていると、「電車の音が聞こえた」というキーワードが重なることに気づいた。学校の日常から離れ、本来の日常に戻る証左である。実践当時投稿した雑誌には、「学校の時間の流れに子どもたちも私も埋もれてしまいそうになった時がある。そんな時、ふと……」と書いている。

ふと……ここには意識には上らないものの、大きな意味が含まれているのではなかろうか。あるいは気づきながら、顕在化することを躊躇する想いが潜んでいるのではなかろうか。学校の時間に流されそうな感覚、主観ではありながら確かな実感として感じ取った記憶がある。このままでは、という戸惑いを感じ、無意識のうちに抜け道を探り、そこにかつての草抜きの時の時間の流れに行き着いたように思える。学校を刻む時計時間ではなく、自然が刻む別なリズム。あるいはどこかに忘れてきた時の流れ。

考えれば、学校生活の中で、ふと、感じ、思うことは、往々にしてある。ところが、ふと、に起因する感覚や思いを、学校の常識がふたをする。教師として、教育課程に示された道、方向に従うべきだという自意識が、潜在的に湧き上がる想いを閉じ込める。教師は本来子どもに向き合う者であるにも関わらず、組織化された教育の構造の一部になることが優先される。その繰り返しが、無意識の中に湧き上がる想いを封じ込める習性を築き上げる。

ふと、には直感的な判断がある。キャリアの中で積み重ねてきた経験値が語る重さがある。このままでは学校の時間の流れに埋もれてしまう。しかし、そう思う時点さえも教育課程の中にあり、時間割に枠どられた学校時間の一部である。埒外の時間を求めることは、学校の常識の枠外に出ることになる。ふと、は、決断を要求する。

教育の中には、ふと、思うことがあっても、いや、でも、と否定することが慣例化していないだろうか。ふと、思うことには、深い意味が潜んでいる。

～時間の埒外に出る、意味～

春によく飛鳥に行く。飛鳥には、石舞台があり、観光名所の一つである。桜の満開の時期の石舞台は絶景の場所であり、多くの観光客でにぎわう。夜間にライトアップもあり、一週間ほどは特別に夜間拝観が可能になる。この時期に石舞台を訪れ、夜間拝観をすると、闇の中の石舞台の中に入ることができる。すると、石舞台が古墳であり、墓の中であるという事実に、改めて気づく。昼間の石舞台は観光地であり、夜の石舞台は墓に戻る。夜が石舞台の本来の姿に気づかせてくれる。考えてみると、至極当たり前なのだが、当然のことを当然と感じない日常が流れている。何かが、当然にふたをする。夜、闇、こういうものが，その蓋をはずす。埒外に出る，というのはこの感覚に近いのではなかろうか。

学校の教育課程は，各教科等，何かをすることで埋め尽くされている。指導要領に従い，学ぶべき内容をいかに配列すれば，効率よく効果的に指導できるかが工夫される。主体的な学びとは言え，配列された事項に，いかに子どもを熱中させるかという手練手管になる。そのために教師は工夫をし，努力を重ねる。いつしか，教師は子どもを内容に追い込むことに長けてゆく。

学校は子どもを追い詰める場所ではない。子どもを豊かに育てる場所である。

この本来の学校の姿は，教育の在り方は，教育課程の中にとどまっている限り，認識されることはない。息苦しさを覚えつつも，その中にとどまっている限り，その気配は感じつつも，いつか同調し，自分を見失うことになる。息苦しさは，本能の呼びかけなのではないだろうか。

教育があり，それを実現するために，学校がある。しかし，いつしか学校が主になり，教育を支配しようとすらしている。主客転倒である。教育は，学校のような社会組織の一部ではなく，人類の種としての本能であったはずである。子どもを豊かに育てる手段として存在するはずの学校が，その学校の論理が教育という本能を呑み込もうとしている。ならば，一度，その埒外に出て眺めることが必要なのではなかろうか。

時間の埒外に出ることは、光源を置き変えることにより石舞台の本来性に立ち戻ることであり、学校の論理ではなく、教育の原理に立ち戻ることを示唆しているとは言えまいか。

〜 時間の多様性を取り戻す 〜

学校に流れる時間は、一様ではない。

気怠くゆるゆると流れていく時間、あっという間に飛び去る時間、止まったように感じる瞬間……同じ教室にいながら、それぞれが多様な時間を過ごしている。あるいは、一日の中でも、ある時は速く流れ、ある時は遅々として進まず、時に止まったようにも感じる。一日どころか、たとえ1時間の中でも、沈滞していたかと思うと、突然何かのきっかけで急に時間が流れ出すように感じることもある。

これは、誰もが実感として確かめてきたことである。学校の時間には、誰もが多様性を認めてきたのである。ただ、学校は集団であり、時計的時間を一つの指標として用いざるを得なかったのである。言い換えれば、学校の時間には、時間の多様性が前提としてあり、時計的時間はその多様性を保障するための指標に過ぎなかったのである。それが、いつの間にか時計的時間が学校の時間全てを管理し、時間の多様性を隷属させ、排除させようとしている。そこに息苦しさを覚え、閉塞感を感じるのではなかろうか。

時間に多様性を認めるために、誰もが暗黙の裡に、時計的時間を指標に用いることを容認してきた、いや、時間の多様性を維持し、守るためにこそ、時計的時間を指標として用いることが必要だったのではなかろうか。ところが、今では、学校の時間そのものが時計的時間に置き換えられ、他の時間の存在を否定し始めている。時間の主従が逆転し始めているのだ。

かつて、教師は多様な時間の重要性を認めつつも、集団の管理者として、時計的時間を指標として手にしていた。子どもたちも教師が時計的時間を手にしているからこそ、安心して多様な時間を過ごすことができた。教師は多様な時間の存在を認知していたのである。それどころか、その多様性を手に取り、わざとその時間の流れを操作しようとすらしてきた。その出来により、メリハリのある教師とさえ、讃えられてきたのである。

それが、いつの間にか時計的時間が絶対的なものになり、教師はそれを手にするのではなく、それに隷属さえするようになるのである。その結果、子どもたちにも同様に隷属することを強い、学校の時間が時計的時間一色に塗りつぶされるように感じるのである。

「何もしない時間」は、多様な時間の存在に気づき、時間の主体性を取り戻そうとする実践である。学校の時間を、本来のあるべき姿、すなわち時間の多様性に立ち戻ることを示唆する実践である。時間の自由の呼び声に、耳を傾けようとする取り組みであるとは、言えないだろうか。

～　余白の場所　～

中庭は、学校の忘れ去られたような場所である。学習活動に用いられることもほとんどないし、そこに飼育小屋が設置されているのも、他の学習活動の妨げにならないからである。ところが、不思議なことに、教室に居場所を失った子どもが立ち寄る場所になり、切れた子どもが平静を取り戻す場所になる。それ用に設置された特別教室ではなく、彼らは忘れ去られたこの場所を選ぶのである。中庭は、言わば無目的の場所である。

学校には、こうした一見目的の見つからない場所がある。いわば、余白の場所、とでも言うのだろうか。そして、目的を持たないことにこそ、そこに意味が生まれる。日頃は意味が埋没し、何かにあわせて意味が生ずる。この柔軟性は、意味を持たないからこそ、可能になるのである。人が生きる場所は、全てを意味や目的で固めるのではなく、意味を持たない余白の場所が必要になることがある。

身を用なき者と思いなして……無用者が紡ぎ出す言葉には、どこか惹きつけるものがある。永住の地を持たず、旅を住処にする者の目には、何か違う風景が映る。それを追体験すれば、どこかにあこがれを持つ。何かを離れること、何かを捨てること、には確かに何かの意味がある。目的を持たない、目的から離れた場所には、そういう意味が潜む。「何もしない時間」を思い立った時、まず浮かんだのは、中庭だった。いかにもそこがふさわしいと直感したのである。あるいは、教室を離れようとする意識が働いたのかもしれない。教室は、授業を効率よく進めるために設計された、目的のために構築された場所である。目的が意志を持つ場所である。運動場、廊下、特別教室、それぞれの場所は何らかの意図を持ち、設計された場所である。そこから離れなければならない。そう呼びかけられたのかもしれない。

考えてみれば、草抜きの舞台である畑も、もともと学校の敷地ではない。栽培活動という目的は持つものの、普段は忘れ去られたような場所になる。十数年ぶりに、「何もしない時間」の実践をした学校の中庭を訪れる機会があった。すると、当時中庭を覆っていた木は撤去され、木製の机とベンチが据えられていた。明るい日差しに包まれる中庭に積年の面影は残っておらず、中庭には意味が備えられていた。

学校には、余白の場所が必要である。目的を持たない場所が必要になることがある。

〜　何もしない時間の反響　〜

「何もしない時間」の実践を紹介すると、多くの教師が共感を覚えるようである。そして、自分もやってみたいと語る。終了時の夢からさめたような子どもの表情にも合点がいくと話す。初めて「何もしない時間」を投稿した雑誌の編集者からは、学級崩壊に苦しむ関東地方のベテランの担任からの反響が大きかったということを聞いた。

何かをすることを追求する教育の世界の中で、「何もしない」という提案は、とりわけ目を引くものになるのであろう。することを追い求め続け、いつか時流からはぐれたベテラン教員が、自身の過去にはなかったシフトへの着想に惹かれることにも、どこかうなずけるように感じる。それだけ追い詰められている教員が多いということだろう。今は、当時より加速度が増しているのかもしれない。

「何もしない時間」の実践は、自分の中で、ふと、思いついた実践ではある。何かに追い詰められるように感じ実践に至った経緯は至極当然であり、今、振り返ってもうなずけるものである。だから、特段特別な実践をしたようには感じず、往時の自然な流れに従ったままでだった。しかし、現場を去り、実践を振り返る中で、確かにこの実践は異彩を放つものである。現役時代、それなりに教材研究に取り組み、その成果を吟味してきた取り組みの中で、何もしない、という方向は、他の取り組みとは異なるベクトルを持つ。ただ、その時々に必要な実践を選び取ったという姿勢は、他の実践と何ら変わらない。だからとりわけ意識することもなく、実践例の一つとして並べてきたのである。ところが、現場を離れ、振り返ると、そこに何か意味を感じるのである。定年後、進学した大学院でもこの取り組みが注目され、修士論文のテーマに据えることを勧められた。学会発表をすると、注目もあびた。「何もしない時間」は、確かに、教育に響く。

一つは、テーマの奇抜さとインパクトであろう。教育研究の多くは、何かのやり方を追求し、提言するものである。あるいは、今までの視点と角度を変えることにより、見えてくるものを提言するものである。ところが、「何もしない時間」は、その方向性や視点そのものを手放すことになる。何かをする、ことが求められる教育の世界における、一種のタブーに当たることにもなり、誰もが足を踏み込まなかった、あるいは足を踏み込むことを禁じられていた実践になる。

ところが、この禁則の実践に多くの教員が共感を示すのである。どこかに彼らが求めるものと重なる部分を感じるからに違いない。私自身、何かに追い詰められるような感覚から、ふと、思いついた実践である。この「追い詰められた」感覚というのは、多くの教員が感じている感覚なのではなかろうか。それに対し、仕方がないと感じるのか、その原因を追究し抗おうともがくのか。私は、ただそこから離れてみようと考えたに過ぎない。彼らにすれば、きっと「その手があったか。」というような感覚ではなかろうか。

時流の流れ、社会の変化の傍らにいると、つい、そこにしがみつきたくなる。遅れまいと焦ることになる。だから、今までの荷物を捨て、その濁流の中に飛び込む。自分にその流れを乗り切る力があるかを顧みることもせず、あるいは隣で流れに身を投じる仲間の様に遅れまいと追従する。もし、この流れを乗り切ることができても、次の流れの予感を持ちつつも、飛び込まざるを得ない……ところが、ふと、岸を見やると、流れに身を投じず、ただ流れの行く先を見つめる者がいる。そういう感覚であろうか。

つい、と、ふと、には違いがある。

～ハレの論理、ケの論理～

ハレとケ、気にかかる言葉である。特別な時間がハレ、普段の日常がケということになる。学校に置き換えれば、通常の授業、普段の学校生活が、ケということになり、卒業式や運動会など、特別な行事がさしづめハレ、ということになるのだろうか。

働き方改革が叫ばれ、行事の精選、簡素化が叫ばれるにつれ、このハレを減らすべく、メスが加えられているように感じる。何かに焦点化し、時間や労力を注ぎ込むのではなく、もっと平均化していこうとする方向である。ハレのケ化、とでも言うのだろうか。できるだけ特別なことをせず、全てをケとして均していこうとする動きである。

全てをケ化するということは、学校の時間を時計時間一色に塗りつぶす向きとどこか通じていないだろうか。すべてを単一色に塗り替えた学校。そこに子どもは、教師は、息苦しさを覚えないのだろうか。

学校には、ハレの論理、ケの論理が存在する。子どもたちが、明日の遠足に胸ときめかせ、運動会で明日は速く走れるだろうかとドキドキし、卒業式の別れまで指を折りながら日を数えていく。そこには、確かに「特別な日」が存在する。日常を突き破る特別な日、特異な時間の存在が、子どもたちの生活を彩るのではなかろうか。一方、ケは連続し、変化に乏しい日常である。毎日毎日、一歩一歩……その大切さは分かるし、そういう積み重ねが大きな成果をもたらすことも承知している。ただ、人間はその大切さの認識に常に身を任せることは不可能である。時折、日常から降りたり、全霊で向き合うことをさぼったりすることもある。そういうケに立ち向かう手段こそ、時間の多様性なのである。おおむねはケに向かいつつも、時により一息つく時間を設ける。あるいは、ハレに胸ときめかせ、今、をその助走路ととらえ忍んでいく。それが、生命を保ち、輝かせているのではなかろうか。学校は、人が生きる場所である。

ハレを失くし、ケに均一化し、時間の多様性を失くし、時計的時間に単一化する。余白の場所に意味を植え付けようとする。果たして、それで生きた人間を豊かに育てることが可能なのだろうか。

「何もしない時間」は、ハレにもケにも属さない世界である。日常から離れるということではハレに類するが、そこにハレの持つ華やかさはない。日常のケでもない。ハレからも、ケからも離れる時間になる。だからハレもケも含めた通常の世界を離れ、「電車の音を聞く」本来性を呼び起こすことになる。この世界から立ち戻る際に「夢から覚めた表情」になる。離れる、のである。こうした感覚が、ハレとケを見つめ直し、自分の立ち位置を確かめることにつながるのではなかろうか。

人は、ハレだけでもケだけでも生きることはできない。

学校には、ハレの論理とケの論理が必要である。

～「何もしない時間」が語るもの～

学校は、埋め尽くす場所である。効率と効果が問われる場所である。

かつてイリイチが唱えた、学校は通過儀礼の場、ではもはやなく、結果を公表し、説明責任が求められる。評価をもとに、さらに改善し、前進することが必要になる。隙あれば埋め、回転数を上げ、数値を向上されることが期待される。失敗が許されず、成功とまでは言わぬまでも、間違うことがなくなるよう、マニュアル化が進む。かつてチャップリンがモダンタイムズで描いた工場の姿に、学校が重なる。

台風が接近し、警報発令の下、学校が臨時休校になる。幸い、大した被害もなく、一日が過ぎることがある。家庭への連絡や休校への対応の時間が過ぎると、思いもよらぬぽっかりと空いた時間が、職員室に流れることがある。たまったノートに丸をつけながら、ふと、ノートの持ち主のことを思い浮かべることがある。周りにも同じ空気が流れ、久々に職員室に子どもの話がはずむ。何か、忘れていたような。本当は大切なはずだったような……ぽっかり空いた時間が、何かを呼び覚ます。

放課後、職員室を離れ、学校裏の畑の草抜きに向かう。なぜか、ふと、クラスのある子どもの顔が浮かぶ。特に、今日問題があったわけでもなく、相談に来たわけでもない。顔色も悪くなく、表情も普段と変わらなかった。しかし、どこか気になるのである。後日、こうした予感は、不思議に当たっていることが多い。教室ではなく、職員室でもなく、子どものことを考えようと意図したわけでもなく、無心に土と格闘する中で浮かぶこと。教師は一日の中で、実に多くのことを見ている。ただ、それを意味づける暇がない。たいがいの情報は、意識の向こうに追いやられる。空白は、これをよみがえらせる。

埋め尽くされる中に、ぽっかりと空く空白。埋め尽くすことが日常である感覚の中で、空白は本来性を写し出す鏡にもなる。いつか日常に追いやられた当たり前のことが、空白の中によみがえり、出会う。それが、電車の音であり、音楽室のリコーダーであり、仲間との距離感に表れる。日常を否定するのではなく、本来性に立ち戻る瞬間を生み出すのだ。本来から日常に舞い戻ろうとも、何も変わらない。ただ、本来に出会ったという体験は残る。そこに、何かが生まれる。

往時、当たり前のこととして「何もしない時間」に取り組んだ。それは、確かに必要なものだった。何より、ふと、思いついたものである。ふと、は、直感を根源にする。直感は、長年の経験に培われ、理論に従わない経験則である。時により、暗黙の社会のルールに反することもある。

日常を離れる体験、静寂に身を置く経験、普段とは異なる世界、価値観の崩れ、余白の時間・余白の場所、無用の用、豊かな孤独、時間の多様性……数え上げれば、「何もしない時間」の効用を語る言葉は、いくつでも挙げることができる。「夢から覚めたような表情」と子どもの姿を形容すると、「それは、あなただけの主観でしょ。」といいなされたことがある。

確かに、そうなのだ。何ら客観的な根拠がない。全て、自分の感覚であるし、そもそも根拠を求めること自体が、この実践の趣旨と矛盾する。私自身は、教育における何よりの評価は、「快の感覚」であると確信しており、確かにこの実践でそれを感じたことに相違はないのだが、この指針すら、私の独りよがりには違いない。

だが、同様の実践を行っていないにもかかわらず、多くの教師が「分かる」と唱えるということも、また、まぎれない事実なのである。多くの教員の共感も、主観に過ぎないと捨て置かれるのであろうか。果たして、そこには共感を得る何かが潜んでいるのではなかろうか。

「何もしない時間」とは、何だったのだろう。かつて、この実践についてある雑誌で、鷲田清一氏と対談をしたことがある。氏は、この実践を「教育の眼鏡をはずす」実践と形容した。*(1)

確かに、そうかもしれない。教員は常に教育という眼鏡をかけて、子どもを見ている。評価基準、行動規準、どこに当てはまるのか、そういう基準から逸脱していないのか。そういう視線が求められ、説明責任にもつながる。教育の眼鏡は通常、教育課程に保管され、毎日、そこから出し入れして着用する。保管庫に出入りするたびに、教員は自分の職責の何たるかを、自覚し直すのである。

ところが、ふと、これで良いのだろうか、という想いが横切ることがある。自分の目指すものが、どこか違うという感覚である。自分は教員を目指していたのではなく、教師を目指していたのではないか、という疑念である。もちろん、確かな形としての疑念ではなく、何となく違和感を覚えるという感覚になる。ここに、例の閉塞感が伴う。どこか違うという想いを抱えながら、保管庫に通う。

例えば、と鷲田氏は言う。病院は走ってはいけない場所だという観念がある。しかし、心配な時、緊急な時、走って駆け付けるのが当たり前である。当たり前のことが当たり前に行われることこそが、人間関係の基本であり、そういう関係が持てるように人間は苦労してきた、という指摘である。保管庫に通う教員は、学校の何たるかを、日々、自覚し直す。しかし、かつての教師への志とのずれも感じる。眼鏡をかけて子どもを見るのではなく、眼鏡をはずし、人として、教師として、子どもを見るべきだということが、当たり前であることに思い至る。眼鏡をはずすと、子どもの本来の姿が見えてくる。畑で思い起こす子どもの表情である。

しかし、同時に眼鏡をはずせない自分にも気づく。いつのまにか、教師ではなく、教員に成り代わっている。何かに遮られ、何かに縛られ、自由を奪われている自分である。自分を解き放とうにも、その術が見当たらず、その道も見当たらない。そして、眼鏡をかけていること、目に映る景色が現ではなく、レンズを通した景色であることも意識に上らなくなる。レンズを通した世界が、教員としての日常になる。

教育の眼鏡をはずす、と鷲田は言う。あるいは、眼鏡は教育が創り上げたものではなく、学校が創り上げたものかもしれない。「何もしない時間」は、眼鏡をはずす実践である。眼鏡をはずすことにより、初めて、本来の学校を、本来の子どもを直視することが可能になる。空白は、これを生み出す術かもしれない。

学校の眼鏡をはずすと、教育が見えてくる。

＊(1)『食農教育』2008年9月号　対談「教育」の眼鏡をはずすと子どもが見えてくる「農文協」

2. 無用者の系譜

退職後、大学院に在学し、ある学会で「何もしない時間」について発表する機会を得た。この実践を振り返る時、どうしても思い出す文献がある。それが『無用者の系譜』である。養護学校に在職時、ある講義で、この本を参考に一遍や西行の人生を学ぶ機会があった。

身を用なき者と思いなして……

有用性を養う教育の現場において、身を用なき者と思いなす……講義を初めて受けた時、まるで盲点を暴かれたような感覚に襲われた。効率的に、効果的に有用性を追い求める教職という概念に、無用という言葉が存在するはずもなく、ただこの言葉に触れた時、衝撃のような感覚が走った。一点を見つめ、全力で駆け抜ける瞬間に、突然周囲の景色、360度の景色が拡がる感覚である。目指すゴールが見えなくなり、それ以上にゴールに向かうことにさえ、疑念が起こる。景色が一変したのだ。

教室を飛び出す子がいた。特別支援学校に勤務していた若い私にとって、その子を教室に連れ戻すことが、当然の職務になり、そこに少しの疑念もはさむことはなかった。ある時、いつものごとく教室を飛び出した彼を追い、廊下に走り出た。彼は、校長室の前の廊下に寝そべっていた。私も駆けつけた。そして、寝ている彼の手を取り、引っ張り起こそうとした。

しかし、ふと……本当に理由もなく、ふと、なのである……彼の手を離し、私も彼の横に寝そべってみようと思った。そして、彼の横に寝転んでみた。

空が、高い。校長室前の廊下は、窓の関係からちょうど吹き抜けのように空が仰げるのである。その日は晴れ渡り、格別空が高く感じた。

風が、心地よい。校長室前の廊下は他の廊下と垂直に交わり、風が吹き抜ける場所に当たっていた。風が気持ちよく頬をなで、おまけに日差しも温かかった。

彼は、所かまわず寝ころんでいたわけではなく、まさしく所を選んで寝ころんでいたのである。彼の行動を問題行動としかとらえていない自分にとって、彼の行動は無意味であり、場当たりの問題行動としか映っていなかった。しかし、行動を共にしてみると、そこには当然の理由が潜んでいたのである。後日、全校の廊下で寝ころんでみたが、校長室前の廊下は格別な場所に相違なかった。

なぜ、ふと、浮かんだのだろう。学校は子どもが有用性を身に付ける場所、学校を有用性の場とのみ解釈していた私が、無用に目を向けたのである。いや、むしろ無用の世界が手を伸ばし、一点のゴールのみを目指す私を無理やり引き留めてくれたのかもしれない。少し広く見れば全く違う景色が見えるのに、頭で決め込んだ視野でしか見ようとしない自分。果たして、子どもがその視野の外にいるかもしれないのに、強引にその狭い視界の中に引き戻し、押し留めようとする。

教育は子どもを閉じ込めることなのだろうか。

人は有用のためにのみ、生きているのではない。

3．溶け合う時間、確かな評価

特別支援学校で、言葉のない重度な子どもとの遊戯療法に臨んだことがある。当時、内地留学していた京都教育大学の必須単位として、月に一度取り組まなければならなかった。プレイルームで30分ほど1対1で遊ぶのである。その様子をマジックミラー越しにスーパーバイザーや他の内地留学生が観察し、ビデオをもとに、そのプレイについて議論するという取り組みである。

養護学校に勤務こそしていたものの、子どもと1対1で遊ぶ経験は正直乏しかった。プレイルームには遊具もなく、子どもに対するには身体を通しての遊びになる。30分は長い。相手の子どもは言葉もなく、動きや表情も乏しい。何をしようか、そう考えた。抱っこする。高い高いをする。背中をなでる……思いつくまま、やりきった。自分のできること、考えつくことを30分間間断なく続けることができ、私は満足してプレイルームを出て来た。

そこに待っていたのは、スーパーバイザーの一言だった。「あなたほど、子どもが見えていない人はいない。教師をやめた方がいい。」満足し、持てる技を全て出し切った私を待っていたのは、称賛ではなく酷評だったのである。事実、ビデオを見ると、私が抱っこしていた子どもは嫌そうに背中を反らし、時折、歯ぎしりすらしている。それを、私は見ていない。スーパーバイザーの言う通りだった。

必須単位の手前、翌月もプレイに臨まなければならない。私は30分だけがまんして、プレイが終われば、どこかに遊びに行こうと秘かに決め、特別支援学校に向かった。今度も重度な子どもだったが、また違う子どもが相手だった。30分だけのがまんと思っていたので、当然プレイに対する構想や予定はない。ただ時間が過ぎればいいや、そんな感じでプレイルームに入った。

何をしたかも覚えていない。ただ、そこで二人で過ごした。相手の動きに合わせていたに過ぎない。過ぎない、はずなのに、途中からどこか心地よさを感じるようになった。何と言えば良いのだろうか、溶け合う感じ。1対1でいるはずなのに、なぜか溶け合うような感じがした。とにかく、心地よいのである。「時間です。」えっと、思った。もう、30分も経ったのか……時間の経過が感じられなかった。

「あなたほど、180度変わった先生を見るのは、初めてです。」スーパーバイザーの言葉だった。酷評を予想していた私には、意外な言葉だった。ビデオを見ると、確かに安心して身体を預けている子どもがおり、それを自然に受け止めている自分がいる。自然であり、当然であるような姿が、そこに映し出されていた。それがどれだけ心地よかったか、時間というものが消えていたか……そんなことを話す自分がいた。

時間が消える。ただ、心地よい。

学校には、そういう時間があるのではないだろうか。

子どもが、作文を書く。書き始めた頃には、教室がざわめく。やがて、一人ひとりに着想が生まれ、誰もが原稿用紙に向き合う時が訪れる。教室が静まり、鉛筆が動く音だけが聞こえてくる。

「この鉛筆の音、好き。」一言、つぶやく。雲が流れて行く。チャイムがこの静けさを破るまで、教室から時間がその気配を消す。

そういう時間を感じたことは、誰にもあるのではなかろうか。

いつからか、子どものテストに点数をつけて返すことを止めた。

何よりも確かな評価は、その時間が心地よいこと。心地よく、一瞬に飛び去るような時間の中では、子どもは確実に伸びる。

数字よりも、確かな評価が、教育にはある。

4. 閑話休題　――働き方改革に思う――

働き方改革が言われて久しい。教員の働き方が注目されるにつれ、ブラックと叫ばれ、教員志願者も減り、担任不在の穴を埋めることすらままならない。様々な改革が謳われ、数々の通達が出されるものの、それがかえって現場に逼塞感をもたらしているようにさえ見える……

閑話休題……

しばし手を止め、少し、昨今の話題である「働き方改革」について存念を述べてみようと思う。それは、あながち本書の趣旨と遠いものではないのではないか、とも思うからである。

～ブラックと言われるものの、元凶は何か～

来年、教員を目指す学生に聞いてみた。

「もし、来週までに職員に配る資料を作りなさいと言われたら、今、国語の授業ですごくやりたい教材研究と、どちらをやりますか。」

彼女は、即座に「資料を作ります。」と答えた。

「資料ができた時、委員会への報告文書の締め切りがあれば、教材研究とどちらを選びますか。」「報告文書です。」彼女は答えた。

では、いつ授業研究をするのですか、と尋ねると、彼女だけでなく、居合わせた学生全員が黙り込んだ。さらに、あなたは教員を目指しているのですか、事務職を目指しているのですか……

教員を辞めたい、と訴える教師がいる。

多忙のため……それも、ある。でも、それだけではない。

働き方改革の最中にいる自分の仕事に疑問を持つからだと言う。勤務時間の短縮が図られ、効率よく仕事をこなすことが求められる。職員室の会話が減り、誰もが明日の会議に備えて資料を作成することに追われる。ＩＣＴ化のために、研修が続く。

自分は、こういうことをするために教員を志したのだろうか。

途上であることは理解できる。新たな教員という仕事の形を生み出すために、その途上は、より負担が強いられるであろうことも、（頭では）理解できる。でも、その先にある姿を思い浮かべることができない。教員の働き方を変え、教員本来の仕事であるはずの子どもに向き合う余裕を生み出すという理念が、途上である今の姿に合致しない。

本当に、この先に子どもと向き合う教師像が待ち受けているのだろうか。

〜　モモ……　〜

Ｍ．エンデの『モモ』をご存知だろうか。子どもたちはモモと遊ぶと楽しい。夕立でさえ、嵐の中を航海する冒険になる。大人たちもモモが好きである。モモは、話を聞くのが上手で、誰もがついモモに話を聞いて欲しくなる。そんな町に、灰色の男たちが現れる。

そして無駄な時間を貯金するように勧める。子どもたちは、遊ぶことを止め、塾や習い事に通うようになる。大人たちは無駄な時間を減らし、仕事により精を出すようになる。でも、誰一人、幸せになれない。時間の鎖に縛られていく。

時間外勤務がクローズアップされ、基準の45時間以上が何％、過労死の目安である80時間以上も何％というショッキングな見出しが躍る。そこに給特法改正の動きが重なり、さらに話題が広がる。評論家は、教員の勤務時間を減らすためには、行事を精選し、余計な負担を減らすべきだと提唱する。ＩＣＴ化が図られ、会議を減らし、行事が減らされる。それが、教育の正義になり、この流れに水を差すことははばかられる。

ところが、子どもに向き合う時間を捻出することを目的とする働き方改革であるにもかかわらず、現場の教師には、子どもに向き合う余裕が生まれたようには感じない。勤務時間内に終了させるべく事務に追われ、会議を減らすためにパソコンに向かい、会議では意見を述べる時間や機会を自粛する。気づけば、どこかで決定した決議に従うことが求められる。効率化が絶対の指針になる。

教師の時間外勤務が叫ばれ、休日出勤や持ち帰り仕事がプライベートを侵し……勤務時間の短縮や行事の削減・精選は、確かに必要な事であり、自身のニーズにも合致している。今まで、こうした面での改善にはあきらめを覚えていたものの、社会の流れや変化により、改善されていく兆しが見えた。だから、それに応じ、指針にも賛同してきた。ところが、何かが違う。

ふと、気づけば、自分はこういう仕事をこなすために、教師を志したのだろうかという疑念がよぎる。かつて、子どもと共に挑戦し感動した運動会も、安全性が重視され、もはやそこには無い。練習を繰り返し本番で涙した音楽会も、練習時間を削減し時間内で完成できる演奏に姿を変える。年に一度ぐらいは、ここぞと頑張ろうと取り組む教材研究よりも、形を重視し間違いがない授業の型を優先することになる。子どもたちと感動する場面が、どこかに消え、淡々と時間をこなす作業が延々と続く。

『モモ』を思い出す。灰色の男たちの時間どろぼうに無駄な時間を貯蓄することを余儀なくされた、なれの果てではないのだろうか。無駄な時間を貯蓄し、余裕ができたはずなのに、より時間に追われ、時間に縛られる。モモを見つけ遊びたい、話したいと願いながら、いつしか誰もがまず目の前のことに追われていく。

学校のどこに、「モモ」がいるのだろうか。

～ハレの論理、ケの論理　再び……～

大学の講義で話す自身の実践を紹介する「手紙」は、存外に好評である。「手紙」の話が終わるや否や、睡魔の世界に旅立つ学生も散見されるほどである。

自分の教員生活を語る時、誰もが自分の特別な時間のことを語ろうとするのではないだろうか。語り手の中には、今でも活き活きと蘇り、時間は経っても色あせない光景がある。特別な日、特別な時間が、学校にはある。それは、日常とは異なる時間である。

学校には、ハレの時、ケの時がある。日常の繰り返し、毎日、こつこつと継続する時間、ケの時が学校生活の柱をなす。それらが、子どもの成長を支え、学校生活という日常を形づくる。同時に、学校には特別な時間、ハレの時間、が存在する。例えば、行事である。行事の本番には、どこか晴れがましい想いを持つ。遠足である。校外学習であるからして、学習の一つには違いないのだが、弁当を持ち、友人と語らう場面は、教室とは一線を画す。3月にその年の終わりを感じ、4月に新たな期待に胸を膨らませる。ケがあり、ハレがあることが、学校生活に彩りを添えていく。

今、特別なことはせず、ハレをケ化しようとしているように感じる。全ての時間を均し、均一化していく。そうすれば、時間の管理もしやすくなり、働き方改革につながる。行事は削減し、短縮化される。行事を行うに際しても、練習時間を減らし、無理に高度なものは目指さないことが推奨される。それでも、充分に楽しむことができるではないか。そういう視点の変換が要求される。

確かに……でも、かつて行事が目指していたものは愉しみよりも、むしろ感動ではなかったのだろうか。運動会は午前中で終了する。走競技、競争競技中心に、子どもたちが喜ぶようなプログラムが練られる。そこには、村の祭りとしての運動会の意味は存在しえない。短縮してもできる、削減することは可能であるという既成事実を積み重ねることが、変革の中に失われるものを覆い隠す。

学校には、本来、多様な時間が流れてきたのではなかろうか。それが、子どもを豊かに育て、教師のやりがいにつながってきたのではなかろうか。

学校は子どもを（教師を）追い詰める場所ではない。子どもを豊かに育てる場所である。

～　教育格差はどこに……　～

少し前、教育格差が叫ばれた。家庭の経済的な違いにより、教室内に格差が生まれているのではないか。こうした格差は社会的な問題ではあるが、さしあたり担任として教室の現実に対応しなければならない。難しい問題ではあるが、納得できる課題ではあった。事実、こう叫ばれる以前から、個々の教師はそれぞれの教室で、奮闘してきた課題である。教育問題としてクローズアップされることで、個々の力では及ばない問題に光が当たるのではないか、と淡い夢を感じた記憶がある。

この格差問題が、今は一顧だにされず、過去の課題となり果てたように感じるのは、私だけだろうか。過去の課題に姿を変えた時期が、働き方改革と重なるように感じるのは、筆者だけだろうか。教師の働き方が問題になるにつれ、個々の子どもへの丁寧な働きかけが必要になる格差問題には、影が差しているのではなかろうか。この問題には適切な手が差し伸べられ、解決される道筋が示されたのだろうか。私には、働き方改革に影を落とす問題は、とりあえず脇に置こうとしているように見えて仕方がない。何を叫べば、教育問題の主流に位置づくことができるのか。そういう意識が、問題の重要性よりも優先されてはいないのだろうか。何かを訴えるために、他に蓋をする。そう感じるのは、果たして私だけなのだろうか。

～　学校に『時間の多様性』を取り戻す　～

学校の時間を均一化し、ただそれを短縮化することだけを、子どもも教師も願うわけではない。学校に必要なものは、多様な時間の流れなのではないのだろうか。そして、多様化を実現するための余裕なのではないのだろうか。

本書の初めに「教育には、元来、『ならない』よりも『ありたい』が優先すべきではないのだろうか。」と書いた。時間が制約される中で、誰もがやりたいことよりも、やらなければいけないことを優先する。先に書いた学生との問答が、まさにそうである。その結果、教師でありながら、教師ではない姿が現出する。この姿を果たして望んでいたのだろうか。今こそ、時間の主体性を取り戻さなければならないのではなかろうか。

そのためには、「捨てる」覚悟を決めることである。「手放す」ことを見直すことである。優先順位を変えてみることである。まず「ありたい」こと、「やりたいこと」から、手をつけてみたらどうだろうか。時間が限られているなら、尚一層、自分がやりたいと思うことを、手にしてみたらどうだろうか。今まであきらめてきたことに向き合ってみると、案外、後の計算はたつものである。筋道が変わって見えてくるものである。

時間の主体性を取り戻すことである。時間に縛られるのではなく、時間の主役に躍り出ることである。教師自身が、時間の主役にならない限り、学校に多様な時間が流れることはない。主役を取り戻した教師の姿をこそ、子どもはまぶしく思えるのではなかろうか。

決断が必要になり、勇気が試されることになる。それぞれが、自分を見つめ直し、自分の道を探る。それを互いに認め合うことこそが、本当の「チーム学校」なのではないだろうか。これが実現すれば、学校に多様な時間が、再び流れるのは必定である。

第6章　伝える……

1. 伝わる実感（人として語りかける）

学校現場を離れ、かねてからの念願であった大学に籍を置くことが叶った。どこかで教育について語りたかったのである。現場40年……とりたてて専門分野を持つわけではなく、ただ例の自分なりの教育実践と想いを伝えたいということだけを武器に教壇に立つ。講義テーマとして与えられたものに加え、かつての実践と想いを語る。想いを語り伝えるのだから、かねてから実践してきた『手紙』である。こうして『手紙』は、大学で復活した。

ある年のことである。講義の後で、毎回、学生に書かせる感想の中に、こんな文言があった。「眠たくて、ほとんど聞いていませんでした。」ほとんどの学生が用紙にびっしり書いている中で、この感想はとりわけ目につき、私自身への戒めにもなった。

ところが、数回の講義の後、彼女の感想にはこう書かれていた。「……教育とは何なのか、分からなくなってきました。」私の講義は、回答を学生自身に手渡し、委ねることを旨としている。学校では必ずしも何が正解なのか分からない場合があり、その中で何らかの決断に迫られることがあると伝えている。それが現場であり、だから自身の考えで判断する必要があると説いている。眠気にかなわなかった彼女が、数回の後には、自身で考えを巡らせ、分からないという深みまで教育を見つめ直している。

最終講義の課題提出を体調不良で欠席した彼女は、提出期限を過ぎたにもかかわらず、びっしり書き込んだ課題用紙を提出してきた。そこには、成績に入らなくても良いから自分の考えを見て欲しい、と書かれていた。何が、彼女を変えたのだろうか。

不思議なことがある。講義の感想には、受講者からの質問も寄せられるのだが、そこには講義内容についての質問だけではなく、生き方、人生についての質問も載せられることがある。例えば、自分を好きになれないとか大人になることに躊躇していることなどである。講義アンケートにも「人として何が大切かを教えてくれた」「教師としての心構えや人間としての在り方を学ぶことができた」「私自身が成長できた」というような文言が並ぶ。教育について語ることは、人について語ることなのである。

『手紙』で伝えることは、私の体験であり想いである。しかし、それを学生は自分の体験として受け取り、自分の想いに照らし合わせてとらえていく。「教育」について語ることが、教育を志す受講生の「人」に響き、伝わるのである。

ある学校に勤めていた時である。先輩の男性教師が担任する子どもをそっと職員室に呼んでいる場面に遭遇した。先輩は、物陰でその子にパンをあげているのである。どうやらその子は毎朝、朝食を食べずに登校しているらしい。私に気づいた先輩が、後で声をかけてきた。「僕のやっていることは、悪いことだろうか。」正直に言うと、私はその先輩の行動を支持する気にはなれなかった。えこひいきに映るし、衛生面の問題もある。ただ先輩の手前、何となく口を濁してその場を逃れた。

後日、私自身が同様な立場を経験することになった。やたら周りとのトラブルが多い男児を担任した。話を聞くと、いわゆるヤングケアラーで、家事一切を行っており、経済的な面からも毎朝朝食はとらずに登校していると言う。私は、卒業まで毎日おにぎりを彼にあげた。

この行動をどう思うか、と学生に問うた。「あなたなら、おにぎりをあげますか、あげませんか。」あげる、と答えた者が多数派にはなったが、どちらの考えも出てきた。迷うという答えも多かった。

私は、現場なら迷いながらも、「あげる」か「あげない」か、どちらかに決断し、行動に移さなければならない。それが、講義で考えることとは異なると指摘した。その上で、私自身は卒業まで続けたわけだが、もし途中で他の子どもや保護者から非難されていたら、果たして続けたかどうかは分からないとも話した。

その講義から数か月後の最終講義に、こんな感想があった。

「おにぎりの話。私は、あれからずっと迷っています。自分が担任として、その子に向き合った時、本当にどうしたらよいのか……」

彼女は、教員としての自分の人間性を自分に問い続けていたのである。教室の受講者は、必ずしも全員が教員を目指す者ではない。しかし、あの刹那、全員が教員としての自分の目で見、耳で聞き、判断する。それは「人」としての教師に共感を覚えるからではなかろうか。

教師は、まず「人」なのである。

2. 若い力に期待しています

若い頃、京都教育大学に内地留学をした。その時、特別支援教育として、池田太郎先生の集中講義を受けた。当時、養護学校に勤務し、発達論や教育理論・指導方法にのみ関心を向けていた私にとって、養護学校卒業後の施設をつくり、子どもたちと暮らし、子どもを丸ごと受け止めるという実践は新鮮に映り、心惹かれるものがあった。大胆にも、自分の想いを手紙に書いて送った。

池田先生から葉書の返信が届いた。

そこには、こういう一文が書かれていた。

若い力に期待しています……

私は、池田先生に宛てて、当時の自分の考えや発想、先生の話から受けた衝撃、自分の考えの転換などをくどくどと書き連ねたに違いない。それを池田先生は否定も肯定もせず、全てを「若い力」とまとめられ、そこに「期待します」と結ばれていた。私は、葉書を見つめながら、自分が全部受け止められたと感じたことを覚えており、何十年も経つ今もその葉書を棚に飾っている。

今、私自身が現場で、大学で、教育を志す若者に向き合う立場になり、池田先生の言葉が少しばかりは実感できるように感じる。若者とはいえ、それぞれの人生を生き、それぞれの想いを持つ。彼らの先達として、そういう思いに触れながら、到底、批判する気持ちは起こらない。ああそうなのか、と受け止める自分がいる。子どもに個性を認めるように、教育を志す若者一人ひとりの個性が、大切だとしみじみ思う自分がいる。それとともに、いや、それ以上に、そこに大きな可能性を感じ取る自分がいる。池田先生が言われる「期待しています。」になるのであろうか。いつしか、私も自然に、若い力に期待しているのである。

大学の講義では、必ず感想を書かせている。これを読むことは、実に味わい深い作業になる。特に「書くのが苦手」と宣言する学生の感想の変容が面白い。こういう学生に限って、数度の感想を重ねるうちに、なぜか言葉や文が浮かび、自分でも驚くような分量を書いている、と書いてくる。おそらく今まで文を書く過程で受けた指導の中で、作文は苦手と自分を縛り付けてきたのだろう。とらわれず自分を解き放つと、本当の自分に出会うのである。書く内容も深く、自分を見つめ、自分と話した跡が刻まれている。この変容の様は、実に興味深いものがある。

初めての講義の感想に「ごめんなさい。ほとんど寝ていました。」と書いた学生が、数度の講義の後には「教育とは何か、分からなくなってきました。」と書いてくる。講義を形として排除していたのが、内容に触れ、そこに自分を置いているのである。講義に遅れたり、欠席が目立ったりする学生が、講義の中で紹介した事例に自分を重ね、往時の自分を振り返る中で、自分を見つけ、見つめ直している。そして、何としても教員になろうという決意を述べる。この変容ぶりは、どうだろう。

教員採用試験の面接資料の作成を手伝うことがある。わずか数枚の書類に、人生を書き込まなければならない。「なぜ教員を目指すのか」定型の質問に定型で答える中で、もう一度この問答を問い直す。すると、学生自身が自分の中に見えていなかったものが、見えるようになる。なぜ、教員を目指すのか。かつての担任へのあこがれ、という文言の中に、担任の言葉の真意を読み取り、それに共鳴した自分を見つめ直す。往時は気づかなかった自分自身の潜在する想いを発見する。教員を目指す理由が偶然ではなく、必然であったことに思い至る。そこに気づいた時、学生は教師に近づく。ただ試験合格という目的ではなく、自分の中に潜む教師への真の想いを見つける。

多くの場合、変容の境目には、自分の人生の吐露が伴う。往時の自身の学校生活の苦境、現在の人間関係の苦しみ、言葉に表さなかった数々の悩み、そういうものを披露する場面に立ち会うことになる。若者が、「実は……」と語り始める時が、変容の始まりになる。それは、学生から教師への脱皮の瞬間を目撃することになる。そこに「期待」が生まれる。教育のこれからは、捨てたものではない。若者は、皆、それぞれ大きな可能性を秘めている。どう自分の可能性に出会わせるのか……

彼らの多くは、例えば自身がいじめにあった経験を持つ。あるいは、いじめた経験や教師への反抗の履歴を持つ。そんな自分が、教員を目指したり、採用試験に臨んだりする資格があるのだろうかと悩む。その悩みを経験したからこそ、教員を目指すべきであり、子どもに関わるべき存在なのだと説く。語ることを避け、心の奥にしまい、触れられたくなかった経験を足場にして、彼らは立ち上がる。思えば、池田先生に向き合った自分も、子どもを人と見ず、理論の対象とみなしていたではないか。それを池田先生は受け止め、期待します、と応えられたのである。だからこそ、私自身も変容できたのである。

今なら、その言葉にうなずける。

若い力に、期待しています。

～ 若者と語り合う中で ～

学生に「何もしない時間」の実践を紹介し、話し合わせたことがある。

学生は、6名。ロの字型に机を並べ、フリートークの状態である。

「寝る。僕やったら寝てしまうな。」「小学生やろ。そんなことできへん。」

あまり、乗り気ではない。話も沈滞気味だし、関心も無さげ、教員が見ているから、何となく話さなければという空気が感じられる。

そんな折、一人の女学生が口火を切る。

「テーマがないわけやろ。私、そんな時いつもやったら見えないものが見えることがある。聞こえてこないものが聞こえてくることがある。何か、急にアイデアが浮かぶことがある……」

この発言を機に場の空気が変わる。

未来まで見えるような、脳みそが広がるような、瞑想の時間、自分と会話する時間……「自分と会話する時、脳みそが話す時、めっちゃ速いねん。パーッて字が並ぶような感じになる。」

皆、自分が特異な時間を過ごした感覚を話し始める。雲の流れを見つめるような、虫を探すかも、などの発言が続き、こういう時間には携帯は必要ないということが確かめられ、小学校時代の学校の時間の流れがめっちゃ速い時があったという感覚が語られる。

「何もしない時間」こういう得体のしれないものには、近づかない方が良い。彼らのどこかで作り上げた常識が、この話題を遠巻きにさせていたのだろう。ところが、一人の発言により、そのたがが外れる。各自が自分の内面を覗き込み、それをありのままに表現し合うのである。想定した話し合いよりも、ずっと深く豊かな言葉が語り合われる。

学生と話す中で、一つ気になることがある。それは、彼らが縛られていることだ。こんなことを考えていいのだろうか。こんなことを口にして良いのだろうか。そういう範囲を自身で設け、そこからはみ出さないように言葉を選んでいるように感じる。彼ら自身、まだ教員ではなく、学生なのだから、もっと自由に発想すれば良いのに、もどかしく感じることもある。あるいは、現場の教員の背中が彼らを委縮させているのかもしれない。

教採試験の対応に関わるようになり、一つ気づいたことがある。採用試験に合格する学生に共通することは、いつしか彼らが受験生から教師へと変身していることである。

例えば、「いじめ問題にどう対応するか。」と尋ねた際、マニュアルでは「何としてもいじめられた子を守ります。」と答えることが求められる。対策講座を始めた頃、彼らは自分がノートに書いたこの文言を必死になって思い返す。暗記テストである。スムーズに即答できることに価値がある。回答がそろうようになった頃「でもね、たいがいは、いじめた子も自分が担任するクラスにいるんだよ。その子たちにはどうするの？」ここで答えに詰まる学生、答えに窮して黙り込む学生。不思議なことに、こういう学生は採用試験に合格することが多い。彼らは、まさに自分が来年担任する教室を思い浮かべることができているのである。

教育に、即答できる答えは、なかなか存在しない。誰もが答えに窮しながら、自分の判断に不安を覚えながら、日々、過ごしているのではなかろうか。私の意地悪な質問に悩み、黙り込む姿を見て、これなら任せることができると安堵する。彼らなら、きっと逃げず、向き合うことだろう。

教育を志す若者は、内に宿る輝きを秘めている。普段、彼ら自身、自分の輝きに気づいていないように思う。あるいは、輝きを見せることに戸惑いを覚えているように感じる。教員の当たり前、学校の常識を、自分の中に作り上げ、その暗黙の束縛で自分を縛ろうとしている。一見、彼らの反応に物足りなさを感じることがある。彼らは、自分、あるいは他者が作り上げた仮想の教育の中でもがき苦しんでいるのではなかろうか。

教育は、リアルなやり取りである。実際に触れ合い、感じ合い、確かめ合う場である。人と人との触れ合いの中で当たり前が築かれ、日々の実践の中に常識が生まれる場である。彼らの内には、柔らかく、そして熱いものが宿っている。その蓋をはずし、一人の人として教育の場に迎えられることを待っている。教員を養成するということは、教育の常識を植え付けることではなく、自分自身の当たり前を生み出そうとする気概を育てることこそが、第一義なのではなかろうか。

3．読書の秋

週に一度「教職概論」の講義のために、他の大学に通っている。その道すがら、小さな本屋があり、開いていれば立ち寄ることにしている。開いていれば、というのは不定休だからである。児童書専門の古本屋で、名前は「にゃごんぼう」。本の物色もさながら、店主と話す時間を楽しみに通っている。初めて訪れた折、他の客がおり、一人で本棚を眺め、一冊購入した。翌週訪れると、「先週、あの本を買ってくださいましたよね。いかがでしたか。」と声をかけられ、それをきっかけに話し込むようになった。

私の愛読書が『指輪物語』であること。『ゲド戦記』を読み、北欧を訪れた際、アーキペラゴ（多島海）を実感したこと。「校長先生の読書案内」を夏休み前に全校生に配ったこと。「市民図書室だより」に本の紹介を連載したこと。担任時代、夏休みに借りる図書室の本を一人ひとりの子どもにあわせて紹介できるように努めてきたこと……店主が用意してくれる椅子に腰かけ、話し込んだ。いつからか店を出る前に、彼女が私に見合うだろう本を見繕ってくれ、それを購入して大学に向かうのが、常になった。いずれも、不思議に合う本ばかりである。万巻の書は読めないが、選巻の書なら読むのは楽しい。

本屋を出て、大学に向かう。「教職論」と銘打っているが、その実、何割かは現役時代の話になる。学生に、本を読むか、と尋ねることがある。教職教養として必須のルソーを引き合いに出し、『エミール』を読んだことがあるか、と問う。今までの職員室でも読んだ教員に出会ったことはなかったが、最後の勤務校、山田小学校には3名いた。だからすごい学校になったのかもしれない、と話す。講義の感想に「一度『エミール』を読んでみようと思います。」と書いた学生がいた。前期の講義も終わり頃、彼に尋ねた。「『エミール』は読めたかい。」「読みました。とてもおもしろかったです。」

以来、我が家では彼のことを「エミール君」と呼ぶ。

別な講義でエミール君を引き合いに出しながら、本の話をする。何人かが「エミール」を読んでみようと思います、と書いてくる。あながち第2、第3のエミール君、エミールさんが生まれるのではないかと秘かに思っている。中には、自分が読んだ本を、私にも読んでみてください、と紹介してくる学生がいる。読んでいない本だったので、手に入れて読み、その感想を学生に送る。こうして、本を通した交流が生まれる。

担任した子どもから、卒業して8年目に突然手紙が来た。「先生、お元気ですか。僕は今、大学に通っています。先生、『指輪物語』読みました。」担任時代、指輪物語を読むのなら、夏休みの宿題などやらなくていい、と話していた私である。5・6年生で読破した子どもも5，6名いたが、彼は挑戦したものの断念した一人である。その彼から卒業して8年ぶりの報告だった。

本を紹介するものの、誰もが本の世界に遊ぶものではない。彼女もその一人だった。本を読むよりも、身体を動かす方が好き。卒業して、中学ではスポーツの部活でキャプテンになり、大会を目指してがんばっていた。その彼女が練習中に大けがをして、スポーツを断念せざるをえなくなった。聞けば、学校の方も休みがちになっていると言う。

そんな彼女から突然電話があった。「先生、何で先生が『本を読め』と言っていたのか、分かったわ。」彼女は中学卒業後、通信制の高校に進学したそうである。スポーツができないので、ふと、私を思い出し、本を手に取ってみると、その世界に引きづりこまれたらしい。

彼女は言う。「先生、本を読むと、世界が広がるんやね。」

定年後、兵庫教育大学大学院の夜間コースで、教育哲学を学んだ。「何もしない時間」をテーマに修論に取り組んだ。修論の成否はともかく、矢野智司先生をはじめ、論文作成にあたり参考にした文献の著者の方々と直接お会いして話を聞くことができたことは望外の喜びになった。そして何より、ゴールデンウイークに兵教大の図書館に10日間籠って格闘し、参考文献に挙げたハイデッガーの『存在と時間』を読破することができたことは、大学院生活の何よりの経験になったと考えている。

神戸に、新しい児童書専門店ができた。小さな本屋だが、聞けば店主は数年前まで小学校の教員をしていたと言う。教員時代、特に読書活動に取り組んできたわけではなく、児童書の知識もこれからだということだ。かつて、神戸には伝説的な児童書専門店があったこと、大阪に知り合いの児童書の本屋があることなどを話し、店主お勧めの本を購入し、店を出た。「にゃごんぼう」にメールを送ると、また訪れてみます、とのことだった。

4. 手紙の終わりに……一巡り

〜 一巡り 〜

ゼミ生が、「居場所」をテーマに取り上げた。教育では、居場所という言葉をよく使う。子どもの居場所、心の居場所……至極、使い勝手が良い言葉である。しかし、よく考えてみると、居場所って何だろう。そう思い、いくつかの文献を探ってみた。もっともらしい解釈は並ぶのだが、その中に「居場所とは、何もしないで居れる場所」とあった。その節の見出しは「居場所と無為」とある。引き込まれるように、次々と探っていくと、吉本隆明にあたった。吉本隆明の『共同幻想論』。どこかで聞いた書名……

初任校の養護学校で、先輩から村瀬学を読め、と勧められた。『初期心的現象の世界』

『理解の遅れの本質』。やたら難解な言葉が並ぶのだが、どこか世界が拓かれるようで、むさぶるようにかぶりついた。村瀬がよく引用していたのが、吉本隆明。そこにたどり着いた。

一巡り……

教員採用試験が終わり、来春から教壇に立つ学生が訪ねてくる。来春までに何を準備すればよいのか、どういう心構えで過ごせばよいのか。往時の自分を振り返るが、もはや忘却のかなたであり、何の手がかりも見えない。自由に過ごせ、と無責任なことを言いつつ、どこかに大学時代を思い出すことになる。ここ数年、母校に非常勤として通った際、往時と変わらぬ景色、すっかり変わった風景が、心によぎったことを思い浮かべる。

卒業生が、訪ねて来る。教員生活が楽しいと言う者もいれば、学級経営に、授業に悩む者もいる。相談に乗る中で、教頭時代、夜静まった職員室で若手の悩みを聞いたことを思い出す。彼らが職員室で涙を流したように、研究室で卒業生が涙を見せる。

一巡り……

還暦、とは、上手いことを言うものだ。暦が環（こよみがめぐる）……60年で一巡り。

教員生活、さすがに60年には及ばないが、初任から定年、再任用を経て、大学での講義。教育について、私なりに一巡り……

西田幾多郎は、言う。「私の人生は本当に単純なものだ。人生の前半は、黒板に向って座り、後半は黒板を背にして立った。思えば、私の人生は黒板の前を一巡りしただけである。」ここにも、一巡り。

教育は猛烈なスピードで、日々、進化している……はずである。私自身、新たな知識や技術をそれなりに求めつつ、あがいてきたように思う。ところが息せき切って駆け込んでみると、そこはかつての自分のスタート地点。仏教ならば、輪廻とでも解するのだろうか。変化を追いかけてみると、いつの間にか元に戻っている。

一巡り……

ならば、教育とは、元来、そういう所作なのではなかろうか。変化に見えつつ、螺旋の如く、いつか歩んだ道を歩いている。

ならば、私が書くべきこと、伝えるべきことの輪郭も、この一巡りの中にその痕跡を見つけることができるのではなかろうか。原稿を起こして早や一年、一巡り……

いよいよ、巡るのではなく、核心に向かうべき瞬間なのかもしれない。
久しぶりに、村瀬学を手に取ってみる。

第2部　何を遺すのか……

1．何を伝え……

学校現場40年、大学に移り3年、自分なりに考えてきたことがある。実践の中でつかみ取ったように感じるものがある。それを書き記し、語る中で、次第にその輪郭がつかめる想いを感じる。それは、確かに、教育の根幹にかかわるものに違いない。それは、確かに伝わり、響くものである。

だから、伝えなければ、遺さなければ……そう、想う。

教育は、変革に駆られる。学校は、多忙に埋没する。だから、本質をつかもうとすることから遠ざかる。目に見えるもの、形が整うもの、新しい時代を切り裂くもの。それが輝いて見える。地中に深くそびえ、大地をしっかり握りしめるものは、目に入らない。そこには、明日への必然性がない。しかし、永遠を語る。ならば、伝えるべきものは、永遠に属するものではなかろうか。

つかみたい。蓄えたい。教育は蓄積である。

ところが、教育の本質は、捨てることにこそ、ある。積み上げることは、高くそびえるが、積み上げることは、本質を隠す。ならば、積み上げる手を止め、捨ててみることである。教育は、捨てることには億劫である。知識を蓄え、教育の眼鏡をかけて、あたろうとする。しかし、本質を見極めるためには、眼鏡を外すことである。知識を捨てることである。これは、語られることが稀である。

ならば、捨てることをこそ、伝えなければならない。

大いなるもの、を感じることがある。ペスタロッチは「愛」を語ったのに、以降、教育の中で語られることはない。教育にとって、必須のものでありながら、誰も触れることがない。大いなるもの、は輪郭が定かではない。だから、伝えられることがない。何よりも大切なものであると、誰もが必ず感じているのに、伝えられない。当たり前は語られることがない。何よりも、大切なものであるにもかかわらず……

ならば、遺さなければならない。

そういうことを、最後に語ってみたいと思う。

ある研究会のことである。

工場で働く人の一日の生活時間帯を、黒板の端から端まで届くような一枚の長い巻物に描き、授業の導入に用いた。巻物をほどきながら黒板に掲示していく担任の手元に吸い付けられるように子どもたちは見つめ、すべて掲示し終わった時には、感嘆の声すら漏れた。

これに、指導主事からクレームがついた。

あの巻物の制作には、どれだけの時間がかかったのか。ICTを用い、プロジェクターで映し出せば、そういう時間や労力が短縮できる。子どもたちにも、一瞬で示すことができ、授業時間を有効に使うことができる。

私は、このクレームにかみついた。教室で主事はいったい何を見ていたのか。担任がどういう表情で巻物をほどいていったか、ほどかれるにつれ、子どもたちがどのように食い入るような眼に変わっていったか。あの時間がどれだけ担任と子どもたちの世界をつくり、本時の課題に互いの意欲をかき立てたのか。それが見えていなかったのか。

どうすれば子どもたちを工場で働く人の勤務に目を向けさせることができるのか。休みの日に、この学年の担任たちと一緒に東大阪の町工場を一日見学させていただいた。担任と、どうすれば子どもたちを惹き付けることができるか、何日も話し合った。そこで見えてきたのが「手作りの長い巻物」だった。彼女の目は輝いていた。

主事から反論があった。最新の手立てを用いることによって、教員の教材研究の時間を減らし、余裕を生み出すことが、私たちの仕事である、と。主事に課せられた任務が何であるのか、それは授業にかける熱意とは無関係である。これは、全てを一括りにとらえ、一網打尽にし、縛り付ける所業である。教育に対する冒とくである。

校長時代、社会科の研究会を引き受けることになった。5年担任3名が授業を受けてくれた。冒頭の授業者も、その一人である。実際に町工場を体験しようと、東大阪市に連絡をとり、一軒の工場を紹介してもらい、担任たちと出かけた。工場に足を踏み入れると、一見雑然としているのだが、そこには制作する過程の導線が流れていることに気づくことになった。何より、一歩踏み込んだ時の熱気のすさまじさ。当初、数時間の予定だったのだが、結局一日中の滞在となった。教科書の写真と文で解釈しようとした教材研究に血と肉がついた。

そこからの授業検討は、全く質が変わることになった。あの熱気をあの香りを教室に再現し、その上で子どもたちと授業に臨みたいと考えるようになった。どうすれば教科書に載る働く人、ではなく、あの工場にいたあの人、を描くことができるだろうか。3名と共に、何度も何度も考え込んだ。それでたどり着いたのが、あの「長い巻物」である。町工場の「モノづくり」にあてられた担任は、自身も手作りの「巻物」の制作に取り掛かることを誇らしげに、また楽しそうにとらえていた。きっと、彼女には自分がつくる巻物に吸い寄せられる子どもたちの目の光が見えていたに違いない。
授業を創るとは、こういう所作なのである。

授業は芸術である。ならば、教師は何よりも芸術家でなければならない。ハウツーに絡めとられ、他人の解釈に身を委ねるならば、そこに、もはや芸術は成立しない。そういう授業の展開に身を任せる子どもは、すでに受け身であり、真の主体的な学びからは隔絶されている。

芸術家たる教師が、創造の目で教材をとらえ、職人の技で授業を組み立て、授業というキャンパスに子どもと教師が描くものこそが、真の授業になる。

芸術家たらんとするならば、己が感性を磨き、自己を解き放ち、うわべではなく根底をつかみとろうと心がけなければならない。そのためには、何かにとらわれるのではなく、教材に向き合う自己を見つめ直すことである。

技を磨くことである。技を究めようと、精進することである。借り物の手立てにすがるのではなく、目を皿のように開き、学ぶべき先達の姿から盗むことである。己が心に浮かぶ技を、何度も何度も磨くことである。子どもの前に立ち、失敗を重ねることにより、本物をつかみ取ることである。あらん限りの手立てを尽くすことである。

そして、無心に立ち返り、子どもたちとキャンパスに描くべく筆をとり、後は身を任せることである。感動することである。驚くことである。計算を尽くし、計算を捨てることである。描きあがった授業に素直に感動することである。

教頭時代、6年の担任が宮沢賢治の「やまなし」の授業をしている教室に入った。後で担任と話すと、何度も6年を担任しているが、どうしてもこの教材をどう解釈してよいか悩むと言う。担任時代、何度か挑戦したこともあり、自分なりの解釈を書いてみることにした。（拙著『授業論』～「やまなし」をどう読むか～参照）

五月と十二月。二つの場面になるが、「小さな谷川を写した、二枚の青い幻灯です。」「私の幻灯はこれでおしまいであります。」この二行が気になる。これは、物語への橋渡しではないだろうか。とすると、この現と幻の狭間に住まう者こそが賢治ではないか。カニは川の底に生き、頭上の水中では、魚とカワセミの命のやり取りが繰り返される。透明な水面の上には違う命のやり取りが展開されていることをカニは認識し、最底辺に住まうカニはさぞかし恐怖に駆られていることだろう。ところが、命のやり取りは上下で隣り合う関係にしか成立しない。カニにとっては、頭上の魚さえ意識すれば良い。命のやり取りには、秩序がある。

ところが、突然、カワセミ（やまなしと間違えて認識）がカニを襲ってくる。秩序の破壊である。頭上に広がるすべての階層が襲いかかるような……これが、どれだけ、カニにとっては恐怖であろうか。そこに、カニの父が登場し、間違いを正す。秩序の回復である。かばの花が流れ……

授業に刺激され、教材を介して話し込む。以来、国語に限らず、様々な授業について語り合うようになった。その話に割り込む仲間が増え、やがて職員室に授業の話があふれるようになった。

授業に没頭する。教材研究に打ち込む。

「やまなし」を解釈する中で、賢治に出会う。情景を浮かべ、そこに意味を見い出す中で、ひょいと賢治が顔を出す。つかまえたようで、その刹那、身体をくねらすように、より高い空に現れる。また、追いかけ、その繰り返しの最中に、突然、世界が拓かれる。と、また違う空に賢治が現れ……無我夢中になり、追い求める中で、いつか時間に同化し、時が経つことを忘れる。

こうした体験を重ねる中で、教師は育つ。

「食育」という言葉に、どこか違和感があった。

外部から講師が来て、食育を語る時、多くは栄養素の話になり、バランス良く食べようという呼びかけになる。それは、それなりに意義があろうとは思うのだが、食とはもっと根源的なものではないか。「食べる」というよりも「食らう」という感覚。命をつなぎ、命の交換をするという、食のとらえ。

給食開始前に、自分自身で食べきれないと思う分は、食缶に戻し、余裕のある者で分ける。完食を強要しないクラスでは、ごく自然に展開される風景である。子どもたちは自分が食べられる量よりも、むしろ好き嫌いという嗜好で加減しているようにも見える。だが、それも問わない。食には楽しむという側面もある。

ところが、食缶に戻す際、子どもたちは自分が戻す「食」の行方を見ない。列に並ぶ友達を振り返り、楽しそうに笑い、話しながら、食缶に戻す。手元に捨てられる食を見ない。笑いながら、食を捨てる。

笑いの中に、食を捨てる……

本当に、栄養バランス、なのだろうか。もっと根源的な問いは必要ないのだろうか。

なるほど、学習指導要領には「主体的に、自他の健康な食生活を実現しようとし、食や食文化、食料の生産等に関わる人々に対して感謝する心を育み、食事のマナーや食事を通じた人間関係形成能力を養う。」等が謳われている。学校現場である限り、こういう主旨を生かす授業が求められる。栄養バランスは、まさに的を得ているのだが。

命……

命をつなぐ、食。

食の中に命を実感するには、どうすれば……

「食と命」の取り組みは、ここから始まった。

自分たちの手で育てた命を、最後まで調理し、食べる。

子どもたちは、畑で大根を育て、収穫し、干し、ぬかに漬け、たくわんにした。

畑の世話をする中で、間引き、の意味に戸惑った。

立派な大根を育てるために、他の命は犠牲にしても良いのだろうか。

調理して食べる時には、葉っぱ一枚残さず食べた。

畑に通う帰り道、一人の女の子が「先生、土ってあったかいんだね。」と言った。

ミミズを飼った。

全校の給食の残食を集め、それをエサにミミズを育て、その糞が学習園の肥料になった。

梅雨時エサが腐り、耐えられないようなにおいの中でも、世話を続けた。

だって、ミミズの命を預かっているのだから……

やがて学習園で育てたサツマイモを焼き芋にし、その甘みを味わった。

なぜ、甘い……

話は食物連鎖に広がり、そこでミミズの果たす役割の重要性に気づいた。

ミミズを世話していると思っていたのに、ミミズに命を預けているみたい。

給食の残食が減った。


教育は、本質にかかわる生業である。人間が人間である所以には、人に関わろうとする本能があり、それを具現化するために、教育があり、学校が生まれた。ならば、立ち戻るべきところは、形ではなく、本質である。人間としての根源に深く響くところにこそ、教育は根ざすべきなのである。

2. 公園のブランコ

夜の公園に、ブランコが揺れている。

月明りと、公園のライトに、二人の少年の影が浮かぶ。

私は気づかれないよう、少し離れたベンチに身をひそめた。

夕方、下級生を殴り、逃げ出した少年に、もう一人の少年が話しかけている。

「お前なあ、大人の言うことなんか聞かんでもええけど……」

あれだけ乱暴な少年が、黙って仲間の話を聞いている。

「……お母ちゃんの言うことだけは、聞いとけよ。」

話しかけられた少年は、ブランコを揺らしながら、うなだれ、そして、うなずいている。

そこには、二人の生み出す世界があり、それで完結していた。

ブランコの揺れが収まり、月明りとライトが映し出す二つの影がなくなるまで、ベンチに留まり、そして学校に戻った。

彼らを担任することが決まった時、自分なりの熱意で彼らにぶつかってみようと思った。教師として、積み上げてきた誇りをかけて、彼らに対峙しようと考えた。それは、何度かの衝突を生んだ。

そして、破れた。幾度かの衝突の末、私は彼らの前で泣いて語りかけていた。その時、確かに私は何かを捨てていた。教育の眼鏡を外し、教師という鎧を脱いだ。教師が教育から離れ、「人」になった時、初めて子どもが見えた。

ブランコの言葉に、素直に感動することができた。何と素晴らしい、心を打つ言葉だろう。ほんの数か月前までは、矯正すべき対象のように思えていた彼らが、どれだけ崇高な存在であり、気高い言葉を語っているのか、想像だにできなかった、いや、しようとしなかった。

捨てることで、見えるものがある。

捨てることで、教育は始まる。

マニュアルは、人を語らない。スタンダードは、個人の前に口を閉ざす。

何かに縋りつきたい時、マニュアルは支え、時には背中を押す。悩む口元を饒舌にする。人間である教師を、「先生」に祭り上げる。

だから、見えなくなる。

マニュアルは、教育の眼鏡をかけ、鎧を羽織るように促す。それが、人間理解の対極にあるにもかかわらず。知識の集積が、必ず「先生」を守るであろうと予言する。

だから、聞こえなくなる。

マニュアルは、人を縛る。効率的、時間短縮という甘言を餌に、人を惑わす。やがてそれが多数を占めれば、決まりと化し、多様性を廃除する。時間どろぼうに時間を奪われた人々のように、教師を奴隷化する。

だから、無力感に浸る。

時間は有限であり、だから効率化を図るべきだと訴え、時間を制限の壁に活用する。人の繋がりに必須のものであるにもかかわらず、それを切り捨てる。だから、職員室の時計は、いつも残り時間を表示し、皆、心が駆られる。本当は、その向こうにこそ、無限の世界が拡がるのに、だ。

だから、感じなくなる。


ある講義で紹介された本の一節が離れない。

……ある夏の夕暮れである。川沿いの道を一人で歩いている。と、後ろからサンダルの足音がついてくる。むし暑い、夏の夕暮れである。川沿いの草むらからは、夏の虫の声が聞こえてくる。じんわりと汗ばんでくるが、時折、吹く風が汗をさらって心地良くもある。とにかく、そうこうしながら、ただ黙って歩いている。足音は、どこまでも後ろについてくる。

やがて「ありがとう。もう、いいよ。」と後ろの足音に声をかける。すると、足音はどこかに消えていく。夏の夕暮れの川沿いの道のことである。……

確か、こういう話だったように覚えている。作者は、去年亡くなった妻のことを思い出しながら川べりを歩いている。ふと、聞きなれた足音を背後に聞く。だが、何も語らず、歩き続ける。足音も、これに従う。どう踏ん切りがついたのか、「ありがとう。もういいよ。」と声をかける。足音は消える。

何も聞かない。何も話さない。しかし、ここには豊かな景色が見える。不思議でありながら、さもそうであろう、とうなずける景色が拡がる。ありえない景色が、当たり前に続き、夫婦のさりげないいやり取りに心打たれる。

この一節が、いつもどこかでよみがえる。子どもに向かう時、保護者に対する時、自分は言葉に頼っているのではないか。想いではなく、言葉でしゃべっているのではないか。しかし、教育は、本来、ああいう景色の中に展開されるのではなかろうか。確かなもの、あるべきものではなく、形が無く、あいまいであり、根拠のないものにこそ、倚りかかるものなのではないのだろうか。

言葉を、捨てる……


昼休み、教室で机を蹴散らし、椅子を投げつけた子どもがいた。連絡を受け、教室に駆け戻ると、そこには目をぎらつかせ、息を荒げる子どもがいた。昼休み、数人残る子どもたちは怯えた目で彼を見つめている。何があったかは、分からない。とりあえず、彼をなだめ、裏の畑に連れて行く。

事情を聞くのが、定石だろう。理由を尋ねるのが、もっともだろう。

でも、言葉を捨てる。

ただ、彼の荒い息遣いを聞く。語らず、聞く。

やがて、彼の荒い息遣いが少しずつ、穏やかな気配を見せ始める。いつか、私の息遣いと彼の息遣いが時折重なるかに、聞こえる。そういう息遣いに、耳を澄ます。やがて、私と彼の息遣いが、完全に同調し、共鳴するようになる。そこに、周りの畑の立てる幾つかの音が重なり始める。

稔やかに、畑が時を刻む……

「話、聞こうか。」「もう、大丈夫。」

畑の時が進み、いつか包まれている。


言葉を、捨てる。

何があったのか、理由は何だったのか。皆目、分からない。しかし、すべてが収まっている。彼は、穏やかな眼に戻っている。何も解決していないのに、すべてが了解されている。その上、きっと彼は繰り返さないという確信が持てる。言葉は訳を話し、状況を説明する。しかし、言葉を捨てることで、静まることがある。つながることがある。

時には、言葉から離れることも必要になる。


不思議な体験がある。

ある時、学級だより「手紙」を書いていた。部屋に、ブラームスをかけながら、パソコンに向かっていた。

一人の子どものことを思い浮かべながら、その子の今日の教室の姿を思い浮かべながら、その姿になぜ感動したのか、どう感動したのか、何を伝えたいのか、どう伝えたいのか……

そんなことを考えながら、キーボードに向き合っていた。

と、離れた、のである。

その子のことを書きながら、その子から離れるのである。

あまねく……そう、普く、という感覚
想いが、その子個人からあふれ、部屋中に広がるような、クラス全員に広がるような。

そして、そこからもあふれ出し、果てなく広がるような。そして、包むような……

その子のある姿を書いているのに、それがすべてに広がり、あたたかい、そして包むのである。

愛……

ふと、愛、という言葉が浮かび、それを実感した。

気がつくと、涙が出ていた。

そのまま、書き続ける。

「ブラームスが、切ないです。そろそろ休むことにしましょう。」

手紙、を書き終える。

あの時、確かに、綴った文字が、部屋にあふれ、閉じた窓からもれ出し、外に広がり、空に舞い上がり、夜空に溶け込んでいく言葉が、本当に見えたのである。

今も、時々、書きながら、涙が出ることがある。
この時、なぜか、伝えているものが正しいという確証を実感する。

教育には、かくも美しい世界がある。
教育には、これほど豊かな色彩があふれている。
ならば、そういうものにこそ、目を注ぐべきではなかろうか。

人とのつながりにあたたかさを感じ、
目先の形よりも、本質を追い、
対峙する中に、真理が生まれ、
そういう場所にこそ、教育は根ざす。

教育にはロマンが必要であり、学校には愛が不可欠である。
枠どられた形を振りほどき、区切られた時間から解放された時、真理に至る道程が拓かれる。

それが、教育であり、
その道行を享受するために、教師にとって必需なものは「自由であること」
だから、教師は己が自由を守るため、時には戦う覚悟も辞してはならない。

3. 何を遺すのか……

「小学校時代、教室にいることが苦しくて、よく保健室に逃げ込んでいました。」

「学校がしんどくて、ずっと学校に行けない時期がありました。」

彼らは、そう告げる。

そして
「こんな私が、教員を目指して良いのでしょうか。」と問いかける。


……だから、教員を目指しなさい。

誰よりも、苦しさ、辛さを知っているからこそ、教員を目指しなさい。採用試験で問われた時に、そこを武器に語りなさい。その時、自分がかけてもらった言葉にどれだけ救われたのか、それを話しなさい。あたたかい言葉、という漠然としたものではなく、具体的に何と言われ、それをどう受け止めたのか、往時の自分に立ち戻り、その実感を確かめ、再現しなさい。

必ずそれが、採用試験の、いいえ、あなたが教壇に立った時の、何よりの武器になるはずです……

そんなふうに、返す。

「学級目標を考えてごらん。」

挑戦するクラス、支え合うクラス、元気なクラス、いじめのないクラス……

いつか担任するクラスを浮かべ、あるいは、いつか自分が居たクラスを思い出し、様々なフレーズを並べていく。

……私はね、どんなクラスを持とうが、どの学年を担任しようが、学級目標はいつも決まっていたんだ。それはね、「あったかいクラス」。あたたかい、じゃないんだ。あったかい。色紙にめあてを筆で書いてね、ずっと持ち歩いていたんです。「あったかいクラス」

あなた方も、小学校時代に一度か二度は、風邪をひいて病院に行ってから、遅れて学校に行ったことがあるでしょう。もう授業は始まっていて、廊下がやけに静まり返っていて、おそるおそる教室の扉を開けた経験はありませんか。あの時、ドキドキしたでしょう。

（話を聞いて、何人かがうなずく）

でもね、あなたの教室に交流している特別支援学級の子どもは、一日に何度もその経験をしているのです。彼らが教室に帰って来た時、ドキドキせずに、自然に帰って来ることができるクラスって、あったかいクラスだと思いませんか。

そんなふうに子どもたちに話します。そして、後は子どもたちに任せます。するとね、本当に子どもってすごいんだ。大人には思いつけないような雰囲気を創り出して、ごく自然にやり遂げていきます。

それが、あったかいクラス……

こんなふうに、話す。

うそをつくことは、いけないことだろうか……　時々、学生に問いかける。

教室で友達のものを隠した子どもの話。校長室で自分の家庭や子どものことをごまかす保護者の話。うそだと確信しながら、それをうそのまま受け入れる時の想い。自分がうそをつき、相手もうそだと分かりながら受け止めてくれるだろうというやり取り。幾つか実際の場面を話し、重ねて問いかける。

うそをつくことは、いけないことだろうか……

この問いかけには、思いのほか、反響が大きい。

自分を守るためにつかなきゃいけないうそももちろんある。

ついても大丈夫なうそと、絶対ついてはいけないうその境界……

うそをつく時に、誰か私を止めてと思う自分がいる。それはうその中に隠された私の本当のメッセージ……

相手を思う優しいうそ。

自分の思っていることをどうしても聞いてほしくて、自分を守りたくて、うそをついたことがある。

うその裏にある思いを汲みとること。

うそをうそで返すことも必要。
うそは自分自身を改めて見つめなおす機会……

学生は自分の体験を交えながら、自分のうそを振り返り、相手のうそを思い出し、そこに人の弱さを見い出す。どうしてもうそに逃げ込まなければならなかった時の想い、うそを受け入れなければならなかった時の状況。そして、自分自身の傷を振り返り、弱さがあたたかさにつながることに気づいていく。

そんなことを、問いかける。

手紙は、何を語ってきたのか。
手紙は、私に何を伝えさせてきたのか。

教師という仕事には、夢がある。
子どもと授業を創り上げ、教室には別な宇宙が生まれる。
教材と格闘する中で、真理を辿る道程が垣間見える。
人が何であり、自分が何者であるのか、そういうことを確かめようとする。
そういうことを、伝えたい。

その過程は苦しくても、どれだけ遠くに見えようとも、
その過程に踏み出す意義を、その過程を辿る喜びを、
振り返れば、はるかな道のりを過ぎ、その日々がどれだけ豊かであるかを……
そういうことを、伝えたい。

夢を語る大切さを、
夢が叶う、その道のりの素晴らしさを、
叶う後に姿を現す、次の頂のはるかであることを、
そういうことを、伝えたい。

もし、その道に踏み出そうとするならば、
自由になるために戦う覚悟を決めなければならない。
押し付けられる利便性に決別しなければならない。
自分自身で本質をつかむために、努力しなければならない。
果たして、その覚悟があるのか……
そういうことを、伝えたい。

この問いは、私自身の「ずれ」に対する解を求める道のりである。
おぼろげなりに、自分自身、その解への糸口がつかみかけてきたように感じる。

学生から、教師にとって一番重要な資質は何か、と問われることがある。
私は、即座に、
それは、不器用であること、と応じる。

幸いなことに、私は生来の不器用である。
この道を行けば、楽にたどり着くことが見えているのに、その道が選べない。

人が多勢を嵩にする時、どうしてもそれを疑い、少数あるいは独りに固執する。

おかげで、ずいぶん遠回りをし、損も被ってきたように思う。


しかし、離れることで、自由を得た。

真っすぐに、本質に向き合うことができた。

何を撰び、何を捨てるか、自分の目で見極めることができた。

すると……

教育に近づくことができた。


「言われてみると、当たり前なのに、なぜそこに気づかなかったのだろう……」

話しながら、よく聞くフレーズである。

私自身、突飛なことを話している気持ちは、毛頭ない。至極当然なことを、普通に話しているに過ぎない。それが、新鮮に聞こえるということはなぜなのだろうか。

むしろ、今の当たり前こそ疑ってみることが、本当ではないか。

私の武器は、開き直りである。

手紙は、開き直ってこそ見えてくる世界を、離れてこそ立ち上がる考えを、伝えてきたものである。それが、不思議に響く。担任時代は、子どもに保護者に、校長時代は、同僚に子どもに地域に、大学時代は、学生に教員に……

授業は、素晴らしいものであること……
教材研究を重ねることで、授業者自身が教材に潜む本質や真理を手にすることができ、それを子どもと共にすることで、新たな次元、別な宇宙が教室に拡がること。その繰り返しにより、子どもへの確かな信頼とリスペクトが生まれること……

人と出会うことの、どれだけの深さ……
子どもを、人を理解しようとすることは、自分を理解することに他ならないこと。理解を深めれば、自分が拡がるという感覚。解決はできずとも、共に歩くことで、そこに新たな世界が生まれ、そこに住まうことができるということ。やがて、それが、愛、であることに気づくということ……

夢は叶うということ……

夢は、別な空にあるのではなく、自分自身が目にする空であり、届かぬ天井に居るものでありながら、いつかそれを手にすることもできるのだということ。地面を見つめながら、歩を確かめながら、歩むことが、いつか歩みを進めているということ。歩みながら、周りの足音に耳を澄ませば、夢は叶い、それを実感として喜ぶことができるということが、現実に存在するということ……

こうしたことが、教育の場には確かにあり、真に望めば、手にすることができる。
それが、教師には叶うということ。

手紙、は、そういうことを伝えたかったのではなかろうか。
私は、教育にそういうことを遺したいのではなかろうか。

第3部　大学にも届く「手紙」

私は、担任時代から、時折、学級だよりを出してきた。クラスの出来事をそのまま伝えるのではなく、そこに込める想いを伝えたいと考え、「手紙」と命名した。担任するクラスが変わろうが、私の書くたよりは「手紙」。それは、校長になり、園長になり、対象がクラスではなく、学校、園全体に広がろうが、「手紙」であった。定年を迎え、校長を辞する時に覚えた寂しさの一つが、「手紙」を出す相手がなくなり、「手紙」を書くことがなくなることだった。もはや「手紙」は、そう、封印された。

それが、大学で蘇った。講義に対する学生の感想や疑問。私自身の持つ教育への問いかけ。そういうものを「手紙」に載せて、学生に届けてみた。彼らの反応は実に瑞々しかった。私は若い息吹きに、毎回、感動することになった。それが、より深い問いかけを生んだ。経験値の差、教師としての知識の集積……彼らは、それらを簡単に乗り越えて、心の底の想いを語った。それは、教育にとって、当然あるべき声であり、然るべき想いであった。問いかけたはずの私が、反対に彼らから問い返される結果になった。

大学にも「手紙」は、届く。

1．うそをつくこと

うそをつくこと……いけないことでしょうか。学校では、「うそをついてはいけません。」と教えます。でも、誰でも分かっていてうそをついたり、うその中に逃げ込んだりしたことがあるのではないでしょうか。自分がうそをついていることが分かっていて、相手もそれがうそだと分かっているだろうと感じたこともあるのではないでしょうか。

教室で、ある子の消しゴムがなくなりました。みんなで探しましたが、見つかりません。間違えていたらいけないから、一人ひとり自分の荷物の中も見てごらん、と言いました。みんなで10分以上探しましたが、見つかりません。どこかで見かけたら教えてね、と話し、消しゴムがなくなった子には、私の手持ちの消しゴムを貸しました。

2，3日して、一人の女の子が「先生、消しゴム見つけたよ。」と言います。見ると、あの消しゴムです。「ありがとう。どこに、あったの？」と聞くと、教室の隅にある棚の上だと言います。よく、見つけたね、と言うと、「何となく、あそこかな。」と思ったと言っていました。私は、ありがとうと言って、消しゴムを受け取り、持ち主に返しました。

彼女の周りでは、よくモノがなくなります。消しゴムがなくなった前の休み時間に教室にいたのは、彼女だけでした。

生徒指導の原則から考えると、後からでもきちんと確かめるべき事案かと思います。何が起きたのかをきちんと把握しなければなりません。なぜなら、もし誰かが故意に隠したとしたら、その子に二度と同じ間違いを起こさせないためです。保護者にも、きちんと説明しなければなりません。

みんなで探している時、私は彼女を一度だけ見ました。彼女は、おそらくその視線に気づいただろうと思います。見つけた消しゴムを持って来てくれた時、私は何も言いませんでした。

これは、どうなのでしょう……

子どもや保護者と話していると、話の中で相手がうそをつくことがあります。状況から考えて、筋から考えて、どうしてもつじつまがあわないことがあります。うそをつくことは悪いことです。しかし、相手は思わずうそに逃げ込まなければならなかったのではないでしょうか。その、つらさ。そういう時、私はうなずきます。おそらく自分自身はうそをつき、相手もそれがうそであることに気づき、それを呑み込んでいることを理解しているのです。そのうその裏にある想いを汲み取って欲しい、そういうことがあります。

私は、話を聞く時に「哀」という字を思い浮かべながら聞くことがあります。何が起きたのか、それ以上に大切なことがあります。つらいんだね、そう思いながら聞くのです。辛さの原因は解決不可能なことが多いのです。だから、そのつらさの根源にたどり着こうと、心を込めて聴きます。やがて、相手のつらさが自分の痛みとして感じられる時がきます。そういう時、自分の中に「哀」という情が浮かび上がり、相手の「情」と自分の「情」が重なり合うようになります。

生徒指導で話を聞く時には、必ず複数で聞くように、と言われます。「言った。」「言わない。」などともめることもあるので、片方はメモを取りなさいと教えられることもあります。事実を正確につかむ。これは生徒指導の鉄則です。

これは、正しいことです。でも、本当に正しいことなのだろうか。

もし、この人なら分かってくれる、と思って話しに来たとしたら、そこに違う人がいても平気だろうか。私がうそをついていることを、この人は分かっている、分かっていながら呑み込んでくれる、そう思っていたとしたら……言葉には出さないけれど、私はうそをついたことを、この人には見せに行こう。「うそをついた」ということを口には出さないけれど、うそをついたということを正直に伝えに行こう。きっと、何も言わなくても、うそをついた自分を、そのまま受け取ってくれるに違いない……そういうふうに思うことがあります。

何かあれば、必ず保護者に伝えるように……これもよく指導を受けます。担任が知っていたのに、黙っていたからこんなことに。そんなことがないように、きちんとつかんだことは伝えるように。説明責任と言います。アカウンタビリティーなどとも言います。原則として大事なことだと思います。

家の人には言わないで、と言う子どもがいます。もちろん、内容にもよるのですが、皆さんはこう言われたらどうしますか。養護教諭は、担任には言わないで、と言われることがあります。どうしますか？　チーム学校、です。

思わず、うそに逃げ込むこと。

その時、本当につらいのではないでしょうか。痛いのではないでしょうか。うそは本当ではないのですから、それを認めることは指導としてはいかがなものなのでしょう。

黙っていて、は説明責任に反することなのですから、いかがなものなのでしょう。ただ、安心して呑み込める人でもありたいとも思います。呑み込んだからと言って、うそが真実に変わるわけではありません。きっとうそを預けることによって、自分自身を見つめ直すことになるでしょう。

不思議なことに、消しゴムの一件、その後、教室でモノがなくなることはありませんでした。

2. 命の教育

小学校の授業で、子どもたちに人気があるのはやはり体育です。

ある時、運動場でベースボール型のゲームをしていました。

男の子が来た球を思い切り打ちました。ボールは大きく飛んで、外野を越えて行きました。外野を守っていた女の子が走って、ボールを拾いに行きました。ボールは運動場の向こうの方まで転がっていきます。ランナーは、もう2塁を回りました。「早く！」大きな声が飛びます。やっと女の子はボールに追い着きました……

でも、女の子はボールを拾おうとしません。そのまま立ったままです。「早く！早く！」みんなの声が大きくなります。外野を守っていた男の子も応援に走ります。ところが、その男の子も女の子の横に立ったままなのです。「何しとんや!!」みんなの声が大きく、そして荒々しくなります。何人かが女の子の方に駆け出します……しかし、走って行った子も、みんな女の子の横に立ったままなのです。そのうち、ゲームを中断して、みんなが運動場の向こう側に走りました。そして、誰も帰って来ないのです。私も、みんなの方に走りました。

かわいい。みんな、つぶやいていました。運動場の向こう側に、飼育小屋があり、そこにウサギを飼っています。小屋の周りにはウサギが遊べるような広場があります。その広場に空いた小さな穴からウサギの赤ちゃんが顔をのぞかせていたのです。ソフトボール位の丸々とした白いフワフワのボールのようでした。みんなひきこまれたように、ずっとウサギの赤ちゃんを見つめていました。時間が止まったような、過ぎ去るような、気がつくとチャイムが鳴っていました。みんなであわてて、バットや得点板を片づけました。

雨でもないのに、体育が中断したのは、私の担任時代にただ一度の経験です。命の誕生に、子どもは惹き付けられるのです。

違う学校のことです。私は飼育委員会を担当していました。その学校でもウサギを何匹か飼っていました。そのうちの一匹が「斜頸」という病気になりました。斜頸というのは、首が曲がり、まっすぐに歩けなくなったり、エサや水が食べられなくなったりするウサギの病気です。原因は分からないのですが、だんだん体が弱り、まず助かりません。私は何校かの学校で飼育の担当をしていたので、そのことを知っていました。

その学校では、飼育委員会を私と若い女の先生が担当していました。彼女は斜頸のウサギを見て、「板東先生、このウサギ、動物病院に連れて行っていいですか?」と聞いてきました。私は助からないことを知っていたのですが、これからの彼女の勉強にもなると思い、連れて行くことにしました。病院では液体の薬をもらい、それをスポイトで飲ませるようにと指示されました。もう水も自分でとることはできなかったので、スポイトであげることになりました。餌も水に溶かしてスポイトです。

彼女は、毎日、ウサギの世話をしていました。その様子を見たうちのクラスの子どもたちも彼女の周りに集まるようになりました。中には教えてもらって、自分で水をあげる子も出てきました。休み時間に飼育小屋の周りに、人が集まるようになってきました。土日や夏休みは、私が家に連れて帰り、世話をしました。

すると、だんだんウサギが元気になってきたのです。首は曲がったままで、まっすぐには歩けませんが、自分で歩いたり跳ねたりするまでになりました。水や餌も、曲がった首の角度を覚えて自分で食べることができるようになりました。助からないことを知っていた私はウサギの命を救うことができず、知らなかった彼女や子どもたちがウサギの命を守ったのです。

その後、残念ながら、そのウサギは死んでしまいました。ある晩、自分で水を飲もうとして、小さな池のところに行き、誤って池に落ちてしまっていたのです。翌朝、見つけた教頭先生が、そっと埋めてくださっていました。

みんなで、お世話になった動物病院のお医者さんに手紙を書きました。

お返事が学校に届きました。


〈小学校の皆さん〉

ピーターの姿がみなさんの学校から消えてしまって、今、とっても悲しい思いをしていることでしょう。

ピーターが死んでしまって、ほんとうにたくさん涙を流した人もいるのでしょうね。

ふわふわしてあったかかったピーターが、みなさんの前からいなくなってしまったことはさみしいことなのですが、ピーターは天国にいって幸せになっているのかもしれません。

だって、小学校の先生や生徒のみなさんが、いっぱいかわいがって、いっぱいあそんでくれて、いっぱい心配してくれたり、お世話してくれましたものね。

ピーターは病気でしたが、あの小さな体で注射や薬もがんばってきました。そんながんばりやさんのピーターは、神様からのごほうびで幸せに天国で暮らしているんじゃないかな？

みなさんも、かわいらしい目でみつめてピョンピョン寄ってきてくれたピーターのことを、ずっと忘れないで、いつまでも優しい人でいてください。

生命を大切にする大人になってくださいね。


〈板東先生〉

お手紙拝見いたしました。

先生の温かなお人柄と、御家族のやさしさがしのばれて、いく度も読み返しながら涙があふれました。

動物の命をこれほどいとおしむ方がいらっしゃることに、感動しました。

生徒さんたちは、ピーターが他界したことで辛い思いをしたのでしょうが、板東先生のような素晴らしい先生が担任であることで、優しさや生命を大切にする心を育ててもらって、幸せだなあと思います。

板東先生のような方がいらっしゃることで、改めてこの仕事の大切さを感じました。

板東先生、そして、子どもたちの目にふれないようにすぐに埋葬して下さった教頭先生、ピーターの死を悼み、嘆き、共に涙してくださった職員の方々、これからも子どもたちに生命の尊さを伝えてください。

ご連絡下さって　どうもありがとうございました。

動物病院一同

3. 職員室のカキ氷

6月、プール掃除も終わり、そろそろセミの鳴き声が聞こえ始める頃、校長室をノックする音が聞こえます。ノックの予想はついています。その前に、職員室がざわついていたからです。「えーっ。もう……。ちょっと早いんちゃうん！」「ええやん。せっかく持って来たのに……」

校長室のドアを開けると、案の定、M先生が立っています。

「校長先生は、イチゴでしたね。」

彼女は家から持って来たカキ氷機で、毎年、この頃になるとカキ氷を作って、職員室中にふるまってくれるのです。そして、嬉しいことに、まず一番に校長先生にと、私の好きなイチゴのシロップをかけたカキ氷を持って来てくれるのです。

「ありがとう。みんなと一緒に職員室で食べるわ。」

「M先生。カキ氷なんか作ってる暇あったら、仕事しいや。」

「ぼく、イチゴと違う。ミゾレや。」

職員室が沸き立ちます。

これが、夏の山田の職員室の風物詩でした。

仕事もしないで……そう、なのです。その前までは、みんなノートの丸付けをしたり、報告文書を作ったり。でも、このカキ氷で全部ストップするのです。そして、口々に冷たくておいしい、とか、もっとシロップかけて……仕事が全部止まるのです。

私は、この時間が好きでした。カキ氷談義に続いて、雑談が始まり、職員室が笑いに包まれます。仕事は、全部ストップし、まったく進みません。非効率なこと、この上ありません。いつか教室で仕事をしていた先生にも声がかかり、学校中の仕事は止まります。

私は、この時間が大切だと思っていました。M先生が初めてカキ氷を作った時、おいおい仕事中やで……校長としては、当然です。でも、一番初めにカキ氷を持ってきて「校長先生は、何味?」と聞かれた時、つい、食欲にまけてしまったのでしょう。とっさに「イチゴ」と答えていました。何より、みんながカキ氷を食べている職員室が素敵なのです。

みんなで何かに取り組む職員室は、素晴らしいです。

でも、みんなで何もしない職員室も素敵なものです。

初任の頃、職員室には、必ずめっちゃ怖い先生が二、三人いるものでした。話しかけるなんて絶対に無理で、職員室ではしゃごうものなら、ぐっと一にらみされて、思わず口をつぐんでしまうような感じです。その先生の周りでは、決してふざけてはいけない空気が漂っていました。でも、そんな職員室には不思議に自由を感じるところがありました。

あれは、何だったのでしょう。

私の初任の養護学校にもそんな先生がいました。職員室でも、平気で大声で若い先生を怒鳴りつけます。すると同じような年配の先生が「まあまあ、そんなに言わんと……」ととりなしてくれるのでした。

そんなお二人の先生が退職される年になりました。送別会で、お二人が退職後の暮らしを話されました。びっくりしました。お二人とも、退職金を使って、養護学校を卒業した子どもたちの施設を作ると言うのです。養護学校で中学部の担任をされていたお二人は、卒業生が進路に悩む姿をずっと見守り、考えてこられたのです。私などとは器が違います。そんな大先輩を、私は見た目だけで怖いと思っていたのです。でも、思い起こすと先輩は理不尽に怒ることは一度もなく、職員のみんなが正しいと思うことを、必ず管理職に伝え、みんなに代わって戦ってくださっていました。

そんな職員室にも出会います。

職員室の前の席が、本当に人嫌いなS先生でした。先生のくせに、人嫌い？　人嫌いと言うか、大人嫌いだったのでしょう。職員室でほとんど話さず、同じ学年の先生方も困っていました。学年打ち合わせの時も、何でも適当に仕事分けといて、何でもするからと、ほとんど話し合いに加わらないのでした。でも、本当にどんな仕事を割り振っても確実にやるので文句をつけることができず、その分、余計に周りがイライラするようでした。だから、隣の学年を担任している私にぶつぶつと愚痴を言って、気持ちを晴らしているようでした。

そんな先生が、転勤することになりました。送別会にも来られません。子どもとの離任式が終わると、さっさっと学校を出て行かれました。私は、その年に転勤された他の先生と話し込み、ずいぶんしてから職員室に戻りました。

すると、机の上に一通の封筒がありました。「板東先生へ」と書いてあり、裏返してみると、S先生からです。開けてみると、こう書いてありました。

……毎日、板東先生の机を見ていました。先生の机の上には、必ず児童書が置いてありましたね。次は、何を読まれるのか、毎日、興味を持って眺めていました……

私は、人のうわさだけで「人嫌い」と判断していたのです。

そう言えば、S先生は、本当に子どもに慕われていました。

職員室は、仕事をする場所です。だから、教室から戻られた先生方は、そこでパソコンに向かったり、ノートに向かったりして仕事に励みます。職員会などの会議をする場所でもあります。真剣に仕事に向かい合う場所です。

でも、それ以前に、人が集う場所でもあります。教育を志す仲間が集まる場所です。そこで交わされる何気ない話が、やがてそれぞれの先生方の肥やしになる場所でもあります。職員室での雑談やたわいもない話は、決して時間の無駄ではないように思えます。仲間との出会いの中で、思い返すと大切なことをたくさん学んできたように思います。

振り返ると、職員室は、何より人が出会う場所だったと思います。

4. 荒れる

学級崩壊、子どもの荒れ……

耳にしたことがあるか、と思います。本当に荒れたクラス、想像がつくでしょうか。わめき声が響いている。勝手に立ち歩いている。先生に反抗している。殴り合いのけんかが起きている……

いいえ、どれも違います。本当に荒れたクラスは、静かなのです。拍子抜けするぐらい、静かです。なぜなら、教室に子どもがいないからです。荒れた子どもは、教室にはいません。教室に残っている子どもは、真面目な子どもだけなのです。

そんなクラスを担任しました。生徒指導の係として、そのクラスに関わり、荒れた子どもたちと話す中で、何とか彼らと話せるのではないか、そう感じました。翌年、6年生担任として、彼らの担任をすることになりました。私には、秘かな自信がありました。彼らは私を求めているし、私なら彼らを何とかできる……

事実、彼らは求めていました。でも、一週間でした。配ったプリントは破り捨てられ、気が向かないと、教室を飛び出して行きました。朝会で話す校長先生に罵声をあびせ、翌週から朝会に出ることはなくなりました。学校中の先生から、6年生に対する非難の声が飛び交いました。私は彼らをかばいつつ、でも自分がかつて持った自信が崩れていくのを感じていました。

ある時、ついに私はがまんできなくなりました。荒れたグループの子どもたち、十人ぐらいを廊下に呼び出しました。そして「お前たちは、先生の気持ちが分からないのか。学校の中で、どれだけ悪口が言われようとも、ずっとかばってきたつもりだ。でも、もうお前たちの気持なんか分からん……」しゃべっているうちに涙が出てきました。でも、構わずしゃべり続けました。しゃべるだけしゃべって、明日からは休もう……そう思っていたのです。

すると、彼らの目にも涙があふれてきたのです。そして、ぽつぽつと話し始めました。去年、大人は誰も自分たちのことを信用してくれなかったこと。理不尽に怒られたり、どなられたりしたこと。大人をからかって、切れるのを見るのが面白かったこと。グループの中にも人間関係があり、実はその中で彼ら自身も悩んでいたこと……

初めて、彼らの言葉を聞きました。大人を馬鹿にして、おちょくっていた彼らが、初めて自分のことを話しました。もう、あかん。その時、私自身も初めて自分を話したのだろうと思います。彼らには、「分かった振りをする先生」は通用しないのです。でも、これで心がつながった訳ではありませんでした。それからも、本当にいろいろなことが起こりました。

担任になって、私は家庭訪問をできるだけ控えました。昨年の担任は事件が起こるたびに家庭訪問をし、毎日何件も起こるので、全部訪問して学校に帰って来るのは11時ごろになりました。それから訪問の様子を聞いて、対策を立てて……ほぼ、毎日学校を出るのは12時を回っていました。私も生徒指導の係として付き合っていたのですが、担任になってからは、それを止め、できるだけ7時には学校を出るようにしていました。

でも、家庭訪問をすることがありました。それは、彼らが理由もなく休んだ日（ずる休み）です。そんな日は、家に行きました。ある冬の晩、家庭訪問しました。玄関の戸を開けると、そこで彼がインスタントラーメンを作っていました。私が声をかけると、彼は「寒いやろ。」と言って、そのラーメンを鍋ごと差し出しました。私は一口すすって、「ありがとう、ごちそうさま。」と言って鍋を返しました。「明日は、絶対、学校に来い。」と言うと「俺がおらん方が、静かでええやろ。」と言います。「そら、静かや。でも、何でもいいから明日から来い。」と言い残して、彼の家を出ました。翌日、7時30分頃に学校に行くと、彼はもう職員室にいて、教頭先生と話していました。聞くと、7時には学校に来ていたそうです。

彼らが決まってからかう子がいました。私は怒りました。すると彼らは言います。「あいつは、おれのものまねするねん。」「それは、あいつが悪い。先生から、注意したる。」「あいつ、きしょいねん。」「それは、お前の勝手やから、許さへん。」そんな感じで話しました。彼らなりの理屈はあるのです。でも、話す中で納得すると、彼らは卒業まで、もう二度とからかうことはしなくなりました。

ある事件が起きて、夜、彼らのことを探しに行きました。見つかりました。公園のブランコで、二人が話していました。一人が興奮していて、もう一人がなだめているようです。私は、そばのベンチで黙って聞いていました。「お前が怒るのは分かる。大人なんか信用できへん。でもな、お母ちゃんの言うことだけは、聞かなあかんで。」私は、なだめる彼の言葉に思わずうなずいてしまいました。

卒業まで、本当にいろいろなことがありました。いや、卒業式の日にさえもいろいろなことが起こったのです。でも、卒業式の壇上で、別れの歌を涙を流しながら歌う彼らの顔を見て、本当に胸が熱くなりました。


翌年、私は4年生を担任しました。本当に落ち着いたクラスで、ケンカの一つも起こりませんでした。私は、去年と全く違うな、そう思いながら毎日を過ごしていました。でも、そういう中で、何か違和感を感じていました。「どこか、違う。」「何か、間違っている。」どこからか、そういう声が聞こえてくるのです。

ある時、ふと思いました。私は、全力でこの子たちに向かっていないのでは……そうなのです。問題もなく、落ち着いたクラスなので、私は自分の力を加減していたのです。「よし、今年はこのクラスの全力で立ち向かおう！　何や、去年と同じや。」そう、思った時、ふと卒業した彼らの顔が浮かびました。

そして、3年後、このクラスの子どもたちとモルダウに挑んだのです。

5. おにぎり、あげますか

職員室で、こんな風景を見かけました。

職員室のものかげで、先輩が一人の子どもに、パンをあげているのです。どうやら、その子は、毎朝、朝ごはんを食べずに学校に来ているようでした。先輩はコンビニでパンを買ってきてあげていたようです。

後で、先輩が私のところに来ました。

「板東さん。僕がやっていることはいけないことだろうか。」

私は、正直、先輩がしていることは正しいとは思えませんでした。それは、えこひいきだし、衛生面から言っても褒められることではありません。

でも、先輩の手前、その場では言葉を濁してごまかしました。

何年か後、私自身も同じような経験をすることになりました。

担任した4年生のクラスに一人の男の子がいました。彼は、よく切れて周りの子に突っかかったり、時には手を出したりすることもあり、みんなから避けられていました。彼はいつも同じ服を着ていて、近くによると時々匂うこともあります。靴もボロボロで、靴下はいつも破けていました。

そんな彼と話してみると、どうやら今で言うヤングケアラー（当時は、そういう言葉は知りませんでした）で、ご飯の用意や洗濯などの家事は全部彼がしているそうです。もちろん、朝も何も食べずに登校しています。彼が言うには、誰かが何かしゃべっていると（本当は彼のことを言っていなくても）自分の悪口を言っているのではないか、と感じるそうです。確かに、彼のことをひそひそ悪口を言っているのも、聞いたことがあります。

私は、それから、毎朝、コンビニでおにぎりを買って、職員室で彼に食べさせるようになりました。（いつかの先輩みたいです）ところが、そうやって毎日おにぎりを買っていることが、家で奥さんにばれてしまいました。彼女は怒っていたのですが、私の話を聞き、それから毎朝、大きなおにぎりを一つ作り、持たせてくれるようになりました。

私は、彼を4年生から6年生まで、3年間、持ち上がりました。卒業式が近づいた時、彼の母親から「先生、絶対、卒業式に行くからね。」と言われました。日ごろから、お母さんは調子が悪く、彼がその代わりを勤めていたのです。でも、卒業式の朝、お母さんは調子が悪くなり、卒業式に出席できませんでした。

卒業式が終わり、職員室に戻ると、お母さんから電話がかかってきました。

「先生、式に出ることができなくて、ごめんね。3年間、本当にありがとうございました。先生の奥さんにも、くれぐれもお礼を言ってくださいね……」

お母さんの電話は、30分ぐらい続きました。でも、そのほとんどは泣いていました。時々は、言葉に詰まって、ずっと黙ったままでした。私も泣いていました。職員室で受話器を持ったまま、泣いていました。

やがて、受話器を置くと、前に座っていた校長先生が、

「板東先生、良かったね。」

一言、褒めてくださいました。

私のやったことは、どうなのでしょう。かつて私が先輩に感じたように、えこひいきだし、不衛生なことです。私自身、もし途中でクラスの誰かに言われたり、他の保護者から非難されたりしたら、続けたかどうか分かりません。

皆さんなら、どうしますか。

去年の受講生の講義の最後の感想にこんなことが書かれていました。

……私は、あれからずっと考えています。（最後の感想を書いたのは、おにぎりの話から、2〜3月後です）私なら、おにぎりをあげるだろうか、あげないだろうか。ずっと考えていて、まだ分かりません……

とても素晴らしいと思いませんか。私は、この感想を読んだ時、本当にうれしかったし、ありがたいと思いました。

前に話した修学旅行の話、どうですか。連れて行くとしたら、お金も払っていないのに、とはなりませんか。不公平にはなりませんか。では、連れて行きませんか。その子の想いはどうなるのでしょう。

難しいです……

でも、皆さんがやがて教員になられたら、こういう問題にいつか必ず出会います。講義と学校の現場が違うのは、どちらにせよ、必ずどちらかの方向を選び、実行しなければならないということです。おにぎりをあげるのか、あげないのか、修学旅行に連れて行くのか、行かないのか……必ず、どちらかをしなければならないのです。

今は、皆さんはその立場にはありません。だから、考えてみてください。自分と向き合ってみてください。きっと正解はありません。どちらにも正義があり、非難がつきまといます。その中で、自分はどちらを選ぼうとしているのか、何をどう見ようとしているのか……何年か後に、実際に学校現場に立たれて、本当にこの立場に立った時、今の結論と変わっているかもしれません。

人を相手にする仕事は、実はこういう仕事ではないか、と思います。難しいですが、真剣に考え、真剣に向き合うことで、そこにきっと素敵な出会いが生まれるように思います。

6. 避難所のランドセル

4年生を担任していた時のことです。クラスに人一倍身体の大きな男の子がいました。その子は力も強く、時々かっとなって、周りの子を傷つけてしまうことがありました。何しろ、力が強いものですからケンカすると、大きなけがをさせてしまうこともあり、実を言うと、周りの子の親はちょっと眉をひそめているのでした。でも、本当は気が弱くて、優しい面もあり、どこか好かれているような子どもでした。

ある時、その子のお母さんから連絡がありました。それは、これからランドセルではなく、手さげで通わせてほしいと言うのです。学校では、ランドセルで通うという決まりがありましたから、私は彼を呼んで、事情を聞きました。すると、彼が言うには、ランドセルの肩ひもがちぎれてしまった、と言うのです。私は、彼にそのランドセルを持ってくるように言いました。

翌日、彼はランドセルを持って登校して来ました。なるほど、右の肩ひもがちぎれています。彼がランドセルを背負おうとしたら、ブチンと切れたそうです。何しろ彼は体が大きいので、だんだん傷んでいたに違いありません。彼は乱暴で、遊びに行く時にランドセルを放り投げているところを見たこともあります。

でも、彼に聞いてみると、このランドセルは、彼の親せきからもらったもので、もう何代も使い続けてきたものだそうです。きっと、もう彼が使う前から大分傷んでいたのでしょう。新しいランドセルは高いので、買えないのです。でも、肩ひも自体は丈夫で、まだ使うことはできそうです。私は彼にランドセルを修理してみるからしばらく預かることを伝え、それまでは手さげで登校しても良いと言いました。クラスの子どもたちにもその事情を伝えました。

さて、私はちょっと太いタコ糸で切れた両端を縫って結べば何とかなると考えていました。家に持ち帰って縫おうとしましたが、固くてかたくてとても無理です。ネットで調べてみると、ランドセル専用の糸と針があるようで、それを購入することにしました。何日かして針と糸が届きました。早速、縫い始めたのですが、肩ひもは本当に硬くて一針縫うのも大変です。こちら側からグイっと差し込んで、向こう側から思い切り引っ張ってやっと抜ける、という感じです。手も本当に痛くなります。夕方から始めて、縫い終わったのは、夜中の3時を過ぎていました。

翌日、ランドセルを受け取った彼の嬉しそうな顔は忘れられません。ただ肩ひもは縫い付けてしまったので、以前のように長さの調節はできません。大きな彼が背負うには短くて、片側だけを背負うようになっていました。でも、彼は嬉しそうに毎日そのランドセルを背負って登校していました。ランドセルを放り投げることもなくなりました。

その彼が、家の事情で転校することになりました。彼も寂しそうでしたが、時々けんかしていたクラスの誰もが寂しく思いました。お別れ会をして、彼を送り出しました。

1月17日、阪神淡路大震災が起こりました。神戸の学校は、全部休校になりました。学校は避難所になり、先生方は生徒ではなく、避難者を相手にすることになりました。しばらく経って、学校が徐々に再開されることになりました。子どもたちが学校に戻って来ました。

そんな折、彼がある避難所に避難しているといううわさが流れてきました。私は、彼の顔を一度見に行くことにしました。彼は須磨区のある小学校に避難していました。職員室で場所を聞くと、ある教室に家族で避難していることが分かりました。

その教室に行くと、教室は段ボールでいくつかに分けられていました。その一番奥を覗くと「板東先生。」彼のお母さんでした。教室の隅を段ボールで区切って、そこに彼の家族5人で住んでいるのでした。やがて出かけていた彼も帰って来て、みんな無事で良かったとか、一緒に話しました。

その段ボールで区切られた小さな区分の中には、家から持ち出してきた大事な品物も置いてありました。その中に、例のランドセルもちゃんと置いてあったのです。実は、あの震災の時、全国から救援物資が届けられました。新品のランドセルも各学校にいくつも届きました。彼も希望すれば、新しいランドセルがもらえたはずです。でもあの何年も使い、肩ひもの調整もできないランドセルを大事に持っていてくれたのです。

震災は大変でしたが、何となく嬉しい気持ちで避難所を後にしました。

時々、連絡もなく休む子がいました。電話するのですが、みんな寝ていて電話も通じません。行った方が早い！　毎朝、その家に通うようになりました。私が押す家のベルが目覚まし代わりで、ベルを押すとお母さんが眠そうな顔で出て来ます。「先生、ちょっと待って。」と言って、家の中がごそごそし始め、10分ぐらいすると子どもが出て来ます。いつのまにか担任している子だけでなく、兄弟も一緒に学校に連れて行くのが、私の役目になっていました。時には、担任している子はいなくて、兄弟だけを連れて行ったり、全く空振りに終わったりする日もありました。3年間、毎朝、通いました。だから、私は職員朝集に出たことがありません。

そんなお母さんなので、学校の行事の案内を出しても、まず来ることはありません。後で聞いたのですが、字を読むのが苦手ということでした。

そのお母さんが、6年生の2学期の個別懇談（小学校最後の個別懇談）にやって来たのです。実は、私は内心来ないだろうけど、毎朝会っているからいいか、と思っていました。朝見るお母さんとは違い、きちんと化粧をしてやって来たのです。

私は、お母さんにぜひ見てもらいたいものがありました。それは、子どもが書いた「将来の夢」でした。彼女（その子は女の子でした）は、将来の夢として「先生になりたい。」と書いていたのです。

私は、黙ってその紙を渡しました。お母さんは、そこに書かれているのを見て、はらはらと泣き出しました。結局、懇談の時間、ほとんど話さず、お母さんは泣いているだけでした。時間の終わり、お母さんは一言「先生、ありがとう。」と言って、席を立ちました。

私は、卒業まで、毎朝通おうと心に決めました。


クラスには、いろいろな問題を抱えた子どもたち、そして保護者がいます。それに対し、担任ができることは本当に限られています。でも、ランドセルを一針一針縫った時の想い、毎日毎日通ってベルを鳴らした想い……これは、必ず通じると思います。問題に見えることを外から見るだけでなく、その中に飛び込んでみると、問題が違う景色に見えるようになります。

7. 入学式の朝の足音

校長の仕事の2番目に「感謝すること」を挙げました。

私が教頭になる春、こんなことがありました。


3月終わりの春休み、一人で教室を片付けていました。4月から教頭になることが決まり、この学校もあと何日かで終わりです。雑巾で机を拭いていると、男の先生が入って来ました。以前、この学校で一緒に勤めていた先生で、確かこの4月からどこかの学校の校長先生になられる先生です。

「板ちゃん、教頭昇任おめでとう。」わざわざお祝いを伝えに来てくださったのです。

「先生こそ、校長昇任おめでとうございます。」私は、そう返しました。

すると、先生は、こんなことを言われました。

「板ちゃん、教頭になったらね、入学式の朝の足音を聞いてごらん。きっと、皆さんに

『ありがとう』って思えるから。」

入学式の朝の足音……

私は、その意味が分からないまま、その学校を転勤し、違う学校の教頭になりました。教頭は、学校のあらゆることに関わるので、本当に大変です。でも、4月転勤したばかりは、その学校のことは全然分かりません。教室配置も覚えていないし、地域の方々の名前も覚えきれません。そんな中で、1週間ほどすると、入学式です。職員室の前に座り、来賓が来れば校長室に案内します。不安なこと、この上ありません。

そんな時、ふと、あの言葉を思い出しました。

入学式の朝の足音を聞いてごらん……

本当です。朝から入学式のために、みんな走り回っています。会場の準備に走ったり、来賓用のテーブルを用意したり、入学式の保護者を案内したり……学校のあらゆる職員が走り回って、入学式ができるのです。

昨年までは、私も走り回る仲間の一人でした。動くのが当たり前だったので、そういうように感じたことはありませんでした。でも、教頭になって、皆の足音を聞きながら、本当にみんなが協力して、学校はできているんだと感じることができました。

そして、自然に「ありがとう」と思えるようになりました。


校長の、いいえ、管理職の仕事は「感謝すること」です。校長一人、教頭も含めて二人だけでは何もできません。そんな当たり前のことに気づいた入学式でした。


初めて教頭になった学校で、今までPTAの中心になっていた人がやめることになりました。新しくPTAの中心になった人は、PTA本部の仕事を初めてする人です。新任の教頭と新任のPTA、お互いとっても不安です。しかもPTA本部の役員は総代わりになり、まったく初めての人ばかりでスタートです。

最初の顔合わせの時、みんなすごく緊張していました。私も、本当に不安でした。話し始めると、皆さんは口々に不安を口にされました。私はじっと聞いていたのですが、やがて言いました。「皆さん初めてなので、とっても不安に思われていると思います。わたしも、そうです。だから、背伸びせず、私たちにできることだけをやりませんか。」

後日、PTAにも慣れてきた頃、本部の皆さんが言ってくれました。「初めての時、教頭先生が背伸びせずにやりませんか、と言ってくれて本当にほっとしました。」

もっと後日、何年か経ち、ＰＴＡ本部の方も入れ替わりました。その時、学校で新しい事業を始めることになりました。でも、本当に困りました。その事業を進めるための人手が全然いないのです。何度も案内を出しているのに、開始時期は迫り、人が集まりません。そんな時、職員室の扉が開きました。「教頭先生、久しぶり。」見ると、初めてＰＴＡ本部を一緒にしてくれたメンバーです。

「教頭先生、困っとんやろ。私らが、その仕事やったるわ。」

私は、思わず「ありがとう。」と叫びました。

「何言うてんの。『チーム板東』やろ！」

ありがとうは、ありがとうを生むのです。

校長の仕事は、学校と人をつなぐことです。中でも、地域の方とのつながりは本当に大切です。学校もその地域の一つの施設なのです。子どもや先生や職員の方々がいなければ学校が成立しないように、地域が無ければ学校は成立しないのです。

だから、校長は学校を代表して何よりも地域との繋がりの核にならなければなりません。コロナ禍で、今は少なくなっているかもしれませんが、地域の方と飲んだりする機会も本当に多いです。村の祭り、神社の祭り、会合の打ち上げ……私は、そういう席でいつも学校の職員を自慢し、子どもたちのことを誇らしげに話してきました。「この学校は、すごいねん。子どもが生き生きしてるし、先生方や職員の方々が仲良くて、みんなすごい張り切ってるねん。」年々児童数が減り、地域の方々もどこかに不安を覚えていたのかもしれません。でも、繰り返し繰り返し話す中で、少しずつ伝わっていくように思えました。

やがて、その学校を去る日が近づきました。例の飲み会です。地域の方が私のそばにやって来ました。「校長先生、ありがとう。先生がどれだけ学校を大切に思ってくれたか、本当に伝わりました。素晴らしい先生方ががんばってくれている学校。私たちも大切にしていきます。」

先生方や職員の方々に本当に感謝です。そして、そんな学校をあたたかく見守る地域の方々にも本当に感謝です。こうやって学校は、そこに在るのです。

校長の仕事は、感謝すること、なのです。

8. モルダウ

私は、おそらく子どもたちのこの姿を見せたくて、大学に行くと決めたに違いない。

それは、もう15年ほど前の4月1日でした。担任発表があり、6年1組を担任することになりました。学校の帰りに、三宮の旅行会社に寄り、夏休みの旅行を予約しました。行く先はチェコのプラハ。私は、次に6年生を担任することになれば、どうしてもやりたいことがありました。それは、音楽会で「モルダウ」の合奏をすることでした。

翌朝、学校に出勤し、すぐに音楽室に行き、音楽専科に旅行の予約券を見せ、「どうしても『モルダウ』がやりたい。」と言いました。彼女はしばらく黙っていましたが、「分かりました。やりましょう。」と答えました。3年前6年生を担任した時も、彼女に伝えたのですが断られました。モルダウは難しい曲で、小学生にはとても無理と言われたのです。

モルダウ……チェコのプラハを流れる川の名前です。当時、チェコはオーストリアに占領されていたのですが、自分たちの手で独立を勝ち取ります。その時、スメタナが作曲したのが、『わが祖国』、モルダウはその第2楽章にあたります。モルダウ川の河畔に建つスメタナ記念館のカフェでビールを飲み、夜にプラハ管弦楽団の『モルダウ』の演奏を聞いた時、11月1日の音楽会のモルダウは、すぐ手が届くように感じました。

しかし、モルダウは、とてつもなく難しい。小学校6年生が音楽会で演奏する楽曲は、たいがい3～4分程度です。でも、モルダウは10分を優に超える。しかも、すごく速い部分やゆったりした部分が繰り返します。神戸市でも、この曲に挑戦した学校はない、と言われました。

9月末、運動会が終わりました。集中することは一つだけ、と決めていたので、さっそく10月から音楽会に向けて本格的な練習が始まりました。（と言いつつ、この6年生は運動会で組体操とソーランに挑戦したのですが）

講堂で練習できるのは、一日1時間だけですが、学年（2クラス）で相談し、楽器ごとに集まり、何時間も練習しました。朝や放課後も、ほぼ毎日練習をすることになりました。チェコの独立を書いた『プラハの春』を読み、その様子を子どもたちに話しました。カラヤンやクーベリックが指揮する『モルダウ』のＤＶＤを見せて、その曲想の違いを話し合いました。

でも、モルダウは難しい。練習が始まって何日も経っているのに、曲が途中で止まってしまうのです。みんな必死で練習しているのですが、あまりにも難しく、どうしても続きません。木琴担当の子どもは、毎日、携帯用の小さな木琴を家に持ち帰り、練習を続けました。リコーダーもアコーデオンもパートに分かれて、自分たちで練習に取り組みました。

音楽会の1週間前。学校参観デーがありました。保護者の方々が、自由に、学校を参観しても良い日です。もちろん、音楽会の練習を参観するのも自由です。練習には、多くの保護者が参観に来られました。曲の初めから演奏を始めたのですが、半分もいかないうちに止まってしまいました。時間が終わり、一人の保護者が私のところに来ました。「先生、本当に大丈夫ですか。」その声が非難ではなく、本当に心配して話されていたので、余計に胸にささるように感じました。

児童音楽会（保護者に見てもらう音楽会の数日前に子どもだけで見合う音楽会）の前日、初めて曲が最後まで通りました。通ったと言っても、決してすごい出来ではなく、何とかたどり着いた、という感じです。これで、明日、大丈夫なのだろうか、不安な出来でした。児童音楽会。学校中の子どもたちを前にして、きちんと演奏できたのです。すごい子どもたちです。その日の午後、いつもは自分たちの演奏や他の学年の演奏の感想などを書いて下校するのに、子どもたちの方から今日の演奏について修正したいところがあると言い出して、結局感想は書かずに練習することになりました。

音楽会の前日。最後の練習が終わりました。私は子どもたちに声をかけ、ここまで本当に懸命に指導してくれた音楽専科の先生に、「ありがとうございました。」とお礼を言いました。すると、彼女はきょとんとして、「何、言ってんの。明日の朝も練習でしょ。」と言いました。こうして、音楽会当日の朝も、朝練をすることになりました。

何という子どもたちでしょう。指揮を始める前、目をつぶってじっと耳を澄ましました。

宇宙の果てからの僅かな響きのように曲を始めようと話していたからです。

小さく小さく始まりました。でもそれは豊かで美しかった。モルダウの主旋律が重なります。打楽器が、誇り高く響きます。木琴のパートが続きます。ここは解き放つ。自由にあなた方を奏でなさい。リコーダーの美しい調べ…私自身も、その美しさに酔う。


終わった……何という子どもたちだろう。これだけの時間を、瞬間を持つことが、この世にあるのだろうか。私は、指揮台の上で、子どもたちに頭を下げ、拍手を送りました。そして、指揮台を下り、客席を振り返りました。

そこに待っていたのは、会場全体のスタンディングオベーションでした。


ずっと、涙が出ました。

学校に通う車の中で、毎日、モルダウを聞いていました。音楽会が終わってからも、聞いていました。1週間経っても、毎朝、涙が出ました。


子どもは、本当に素晴らしいのです。

教師という仕事は、こういう感動に、ドラマに巡り合えるのです。

9. 一期一会

校長として最後の年を迎えた4月の職員会で、私はこんな話をしました。

「私は、今年、一つ学んだことがあります。『それは、ものには終わりがある』ということです。」

私は、初任以来、37年間学校現場で勤めました。現場にいると、毎年同じようなことが繰り返されます。入学式があり、運動会があり、音楽会があり、そして、卒業していく。これが当たり前のことであり、4月に入学式を終えると、来年の4月にはまた入学式が来るのです。だから、今年の入学式を振り返り、来年に備えていかなければならない。今年の形をもとに、来年に向けて修正していく。PDCAですね。

これが、当たり前だったのです。37回繰り返すと、まるで永遠に繰り返すように感じるものです。もちろん、来年も4月に入学式はあります。でも、そこに自分はいない、のです。この感覚が実に不思議でした。もちろん、転勤がある年は、この学校での繰り返しはしませんが、違う学校で同じようなことをする。しかし、定年になると、もう繰り返しはなくなるのです。ここに、初めて気が付きました。

すると、不思議なことに、実に「自由になれる」のです。何かから解放されるように感じるのです。今までなら、今年が終わると、来年に備えなければならない。それが、なくなります。この感覚が、実に不思議なものでした。毎年、来年にとらわれていたのかもしれません。そして、今年で最後だから、思い切ってやってみよう。そう、思えたのです。本当に自由になったように感じました。それを、職員会で話しました。

でも、考えてみると、定年に限らず、何にでも終わりがあるのではないか。そのことに気づいたのです。そう考えてみると、（来年も続くように感じる）一瞬一瞬を、これで最後だと思って向き合っていけば、本当に自由になれるのではないか、と思えたのです。こんな当たり前のことに気づくのに、37年かかりました。

一期一会……

聞いたことがありますか。いつでも、この一瞬を最後だと思って向き合うこと。人に出会う時も、明日もまた会うから、ではなく、これが最初で最後だと思って、心を込めた出会いを心がけることになります。私は、この言葉を大げさにとらえていました。でも、違うのです。自分を一番自由にさせる道筋を教えてくれていたのです。この一瞬の出会いを最後だと思って、何事にもとらわれず、心を尽くしなさい、ということだったのです。

相手を大切にすることは、自分を解き放ち、自由にすることだったのです。何かに縛られるのではなく、この一瞬のために、一番大切なことを選び取ること……教育には、本当に大切なことではないでしょうか。

学校には、いいえ、おそらく学校に限らず社会には、暗黙のルールがあります。法律には規定されていないものの、何となく従わなければならないように感じるもの。もちろん、学校だって社会の一組織なのですから、従うべき場合があります。でも、もし目の前の子どもが、誰かが、何かに苦しんでいる時に、このルールを破らなければならない時、どうするでしょうか。ルールを破ることは、必ずしも法律違反ではない。でも、どこかに抵抗を感じ、ためらってしまう……

一期一会……

自分のためらいは、そこにまっすぐに向き合っているのだろうか。何かにとらわれてはいないだろうか。もし、この瞬間が最後だと思えるなら、ためらいなく、やるべきことにまっすぐに進むことができるはずです。それは、自分に自由な魂が宿るからです。

それを37年目にして、初めて感じました。そして、自由になりました。

37年という年月は、実に長いものです。その中で、実に様々な経験をします。判断に迷うこともあるし、上手くいくこともあれば、間違えることもある。人を救うこともあれば、人を傷つけてしまうこともあります。

でも、一人ひとりの教員は、その瞬間、瞬間を真剣に考え、行動するのです。こういう積み重ねは、決して無駄なものではありません。人を傷つけてしまうつらさが、人の痛みを哀しむことを生むのです。こうした苦しみの中で、それぞれが本当に何が大切なのかを見つけ出していくのです。

この講義では、学校・学級経営の理論をいくつか紹介してきました。しかし、理論は支えにはなるものの、本当の理論を生み出すのは、きっと皆さん一人ひとりだろうと思います。それは、教員に限らず、どの道を選んでも同じだろうと思います。

私は、教師という職業は、本当に素晴らしいものだと思います。ブラックと揶揄されることがありますが、これは何も今に始まったことではありません。現役時代、私自身が感じてきたこととも重なります。

でも、教師という仕事には、それを越える「喜び」があります。

教育は、人との出会いです。人との出会いの中で、もがき、喜び、苦しみ、泣く、中から、いつしか自分を見つけることができる仕事だと思います。出会った子ども、保護者、同僚、先輩、関係の方々……人に学び、人と歩む仕事です。

一期一会、

どこかに刻んでおいて欲しい言葉です。

第４部　何を届けたのか……

「手紙」は、何を届けたのだろう。何が伝わり、なぜ響いたのだろう。もとより、書き始めた動機は、その「何」を明らかにすることだった。自分自身の「ずれ」を明らかにすることだった。それこそが、教育の不易につながるものに違いない。ある学生が「手紙」について、こう語る。

自分が目指す教師への想いは、言葉にすることができない。「手紙」は、その想いを裸にしてくれる……確かに伝え、確かに受け取っているのだ。

書き終えた、今……ならば、私は、教育の不易を語ったはずである。

最後の「又新《ゆうしん》の会」で何を伝えようかと考えたことがある。そして「志向性」について語った。物事にどう向き合い、何を選ぶのかが試されるということである。大きな決断を要する時よりも、却って些細な場面でこそ試されると書いた。会自体はオンラインでその後も継続しているのだが、この時語った「志向性」は、教師にとって大きなものになる。

私の「志向性」は、「捨てる」ということに集約されるのではないか。そう、思う。かつての私は、周囲と同じように、「積む」ことに精を出してきた。知識を積み、技を蓄えること、仲間を集うこと……集めることは、快である。増えることは、欲を満たす。しかし、集めるほど、積むほどに、教育が見えなくなる。子どもがいなくなる。自分が見つからなくなる……ふと、そう感じた。

捨てることは、失うことになる。仲間を離れることになる。世界を出ることになる。しかし、自由になる。教育の眼鏡を外すと、自由になる。そして、教育に直接触れることができる。子どもに、保護者に、人として、出会うことができるようになる。群れを離れ、仲間にはぐれるが、逆に、真の出会いに立ち会うことになる。夢中になることができ、感動することができる。

その究極が「何もしない時間」であり、「憲法改正」の授業であり、山田の学校づくりであり、そして「手紙」だったのかもしれない。

自由でありたいと考えてきた。

自由であること、を念頭に置いてきたのではなく、何かに縛られそうになる度に、窮屈さを感じ、不条理への腹立たしさを感じてきた。そして、自由を希求する自分を見い出すことになった。教育は、ここにはない。制限され、縛られた中に、求める教育は無い。

教育は、自由を源にする。

指標が示され、型が提供されるならば、到達への道程は安易に見える。道筋も分かりやすく、その道すら整備されている。この道を行くことはたやすい。しかし、その一歩を踏み出すことに、躊躇を覚える。何か、匂いが違うのだ。行く手にゴールも見える。大勢の他者は、すでにスタートし、悠々と歩を進めている。中には、駆ける足音すら聞こえてくる。私も……だが、どこかにためらいを覚える。香りが違うのだ。歩かされる。走らされる。違う、そこには教育は見えない。自分自身で歩くのだ。

何かと戦ってきたように思う。抗ってきたように思う。どうしても納得できない。山田で「はじめの5分と切り返し」を合言葉に授業研究に取り組んだ。はじめの5分は教師は口を閉ざし、資料に語らせる。すると、子どもは実に自由な発想をする。口々に自分の想いを話し、話し合う中から疑問が浮かび上がってくる。それを教師が整理し、本時の目指すべき課題を創り上げていく。授業当初に「めあて」を提示することは、授業の組み立て上、ありえない。これを主事に質した。しかし、示された形の授業を目指してほしいと繰り返す。なぜ……それが、分からない。

研究部で、指導案の形が示された。以前の形式とは全く違う形である。説明会が開催され、こういう形で書いて欲しいという説明がなされた。「なぜ、この形になるのか。どういう考えに基づいて、この形式を用いることになるのか。」質問した。答えは示されない。

形式についての詳説が続くだけ、皆が揃えることの意義だけを繰り返す。腑に落ちないことには従えない。だから、ずれる。

進めるためには、形を示すことになる。形が拡がり、やがて、基準になる。推奨が、拘束になる。内容が置いてゆかれ、中身が置き去りにされる。流行を追うならば、従うべきである。時流を読むならば、追随することである。だが、流れに身を任せることができない。こうして、時流とはぐれ、独りになる。「ずれ」が起きる。

しかし、自由を手にすることになる。教育には、自由が必要である。縛られず、とらわれず、自由な眼で、本質に、人間に、向き合うことで、教育が見えてくる。そのために闘う勇気が必要になる。

自分を、磨かなければならない。「研修の基本は、個人研修である。」先輩の声が聞こえてくる。自由を手にしようとするならば、自分を頼ることになる。自分を鍛える厳しい道がそびえる。形式ではなく、本質を見極めようとするならば、安易な道程はなく、自身で道を切り開くことが求められる。果たしてその先にゴールがあるのかさえ、確信は持てない。その厳しい道を、自分を信じ、歩を進めるほかはない。

「行きて帰りし物語」という言葉がある。物語の中にゴールが設定され、主人公がその目的を果たし、戻ってくるという類である。こうした物語には、一つの約束がある。それは、出立する時の主人公と、戻って来た際の主人公は変わるということである。指輪物語のフロドは困難な道程を辿り、偶然にも助けられ、旅の目的を果たし、故郷に戻る。ところがあれだけ望郷の念に駆られたどり着いた故郷は、もはや彼の安住の地ではない。フロドは住まうことができず、西を目指す船に乗り、旅立つことになる。旅の前と後では、フロド自身が変わっているのだ。

困難な道を選んだ瞬間に、他とは違う道を覚悟することになる。自身が変容することを覚悟しなければならない。自分が生まれ変わるのである。新しい目で、教育を見つめ直すことになる。過去の自分との決別であり、新たな自己の創造になる。創造無きところに、真の教育は芽生えない。

形を、離れる。

『手紙』は、まず、これを語ってきたのではなかろうか。それを問いかけたのではなかろうか。形を離れると、自分にたどり着く。当たり前を語るからこそ、それが響く。形にとらわれず、自分を探してみればどうか、と『手紙』は問いかける。教育の眼鏡をはずし、学校という衣を脱ぐことで、教師は生まれる。『手紙』を読む中で、新たな自分と出会うことになるのではなかろうか。

初任校で、「教師には、教育哲学が必要だ。」と教えられた。教育哲学、それは何なのか。皆目、見当もつかない。当時、ただ、その語感に憧れを持つだけだった。

本質を求める。

いつからか、形ではなく、本質を求めようと考える自分がいた。子どもたちに「ほんものに出会いなさい。」と声をかけてきた。そのためには、頭で考えるのではなく、身体全体で考えなさい、汗を流しなさい。遠回りをしなさい……効率化とは、真逆を唱える自分がいた。しかし、これが響く。

教材と向き合う中で、その教材の核を求めるようになった。かつて、先輩に「その授業を一言で言うこと」を教えられた。一言で言うことは、削ぐこと、捨てること……こうして、本質に出会う。すると、子どもにも響き、授業で格闘する姿に気高さを見せる。子どもをリスペクトする。学びの性善説が生まれ、教師自身が変容する。

とらわれない。

幾つかの実践が、注目を集めた。「何もしない時間」。学校は子どもたちに教える場であるはずなのに、そこに空白の時間をつくる。教材研究に花巻に出かけ、氷見に出かけ、プラハを訪れる。不経済、この上ない。授業に口出しし、担任を煩わせる。

いわゆる学校の常識と対極にあたるような実践が、何かを生み出してゆく。こうあるべきという規範にとらわれず、こうありたいということにシフトする。

実践を語ると、不思議に共感を呼ぶ。この語りが『手紙』であり、共感した学生が、何としても教員を目指すと、決意を固める。『手紙』の内容は、今の教育に逆行しているにも関わらず。逆行の中に、教育を見つけている。

捨てる。

積むことは、たやすい。捨てることは、難しい。

かつて、山田を離れる時に、「今までの積み重ねを、全部捨てなさい。」と話した。その様を拙著『教育の創造』に書いた。捨てることは創造を生み、積むことは継続を生む。継続はやがて縛りになる。

知識を積むことは専門家を育てるが、知識を捨てることは実践者を育てる。

積むことは称賛されるが、捨てることは非難を呼ぶ。

誰もが積むことから始めるが、いつかそこに限界を感じる。が、周りを眺め、やはり同様に積むことを続ける。もう少し積めば、違う世界が拓かれるかもという期待を胸に。捨てることは、覚悟を要する。捨ててごらん、と誘われると躊躇を覚える。確かに、捨てるべきだとは感じつつも、その勇気が出ない。捨てると、自由になり、新しい世界が拡がる。捨てるためには、初めは積むことになる。懸命に積んだものを、覚悟を決めて捨てる体験こそが、新たな高みに誘う。

児童理解は、自分理解……

一体、他者を理解することなどできるのだろうか。自分ですら理解することはままならないのに……

ただ、誰かと共に居て、拓かれることは確かにある。

うそをつくことはいけないことだろうか、こう、問いかけてみる。この問いは、共感を呼ぶ。うそは、人の弱さを住処にする。うそは、人をつなぐものであり、人の逃げ場になる。だから、そこに、真の姿が現れる。

情が重なる。情と情が重なり合う。そこに「哀」が活きる。相手の話に耳を澄ましながら、その実、自分にこんな情があることを見つける。共用語が、言葉ではなく涙に変わる中で、互いが見え始める。言葉を捨てることで、つながり、理解が始まる。

溶け合う。指針を捨て、手立てを捨て、自分を捨てる時に、溶け合う体験が起きる。言葉が意味を失い、新たな世界が立ち上がる。あっという間に過ぎ去る時間。誰もが体験していることなのに、それが認められない条理。ならば、そちらにこそ、条理を立ててみる。

同行教育……教育は人を変えることはできない。ただ、横を歩くことならできる。こう諭された時、すっと肩の力が抜ける想いがした。すると、寄り添うことができる。相手の息遣いが聴こえるようになる。隣に居る気配、寄り添う足音、これがどれだけ力強く、あたたかいものであるか。

そんなことを確かめてきた。確かめることは、いつしか変わっていく自分に気づくことになった。

話を、聞く。

言葉ではなく、想いを辿る。話し手の意識にすら上らない想いに耳を澄ます。娘がいじめられたと息まく父親の激昂を聞きながら、どこかに違和感を覚える。日頃身勝手な振る舞いの多い娘であることをも認めながら、今日の事件を繰り返しながら、相手への非難が続く。ふと、父親の想いはここには無いのではないかと気づく。違う、うちの娘は本当は優しいのだ。その優しさに気づいてくれ、父の叫びは、そこにある。言葉を借りて、想いを叫んでいる。父親の叫びは、事件には無い。そう、聞こえるようになる。聞くのは、言葉ではなく、想いである。

自分を、見つける。

養護学校在職時に、卒業後の成人施設に泊まり込み、一緒に作業などを行う実習に参加した。その帰りである。一週間ぶりに、帰りの電車に乗った。平日の昼間であり、車内は空いている。座席に座り、何気なく前方を見つめた。向かい側にも、二、三人が座っている。と、その人たちの視線が恐いのである。

一週間、違う視線の中に暮らすと、通常の人々の視線が、突き刺すのである。思わず、目を伏せる。自分は、こういう世界に生きていたのか。ところが、2、3駅も過ぎると、もう視線への恐怖は失っている。

自分は、どこに生きているのだろうか。当たり前の世界は、本当に当たり前なのだろうか。自分の足元を失う中で、自分を見つける。

教室に居場所を失い、学校に足が向かない子ども。校長室が、居場所になる。そんな子どもを叱ったことがある。友達が、いない。一人ぼっち……そんなことは、ない。ここにいるじゃない。えっ、どこに。ここにいるじゃない。自分の鼻を指さす。私なら、不満なの。校長なら、いけないの。友情に、年の差なんて関係ないでしょう。そう、叱る。彼女は、まず一人目の友達を確かめる。

学校に来なくても、先生が来ているから、ここが6年1組だ、だからあなたは出席している。本当は、出席なんかどうでもよい。つながりを確かめに、出会いを求めて、足を運ぶ。たとえ、出会えなくても、話せなくても、周りの世界が揺れることで、その子の世界が生きる。自分が世界を揺らす実感が、いつの日か、将来の糧になる。だから、足を運ぶ。

その時は、分からない。その時は、気づかない。

足を運ぶことが、私自身の糧になっていることに……

学問としてのとらえ……

教育は、人類の種としての本能であり、教材はこれまで累々と積み重ねてきた学問そのものである。拙著『授業論』で、一つの課題に取り組み、それを解決していく中に真理がある、と書いた。教科は、人類が営々として積み上げてきた「学問」につながる、と書いた。

教材に向き合うことは、研究であり、その目的は真理を見い出すことになる。果てしない道程になるが、だからこそ、意義がある。そして、そこに見い出したものは、必ず子どもに響く。

算数で、多様な考えを推奨する。子どもたちは、実に自由な考えを展開する。一人ひとりのノートを見て回る時間は、まさに宝探しになる。一つひとつ、きらりと光る原石の輝きを拾いながら、どう組み合わせてゆけば……それは、おそらく人類が英知を築き上げてきた過程であり、その道程が黒板で、教室で展開される。その時、教室の時間は永遠を刻む。いとも簡単に、子どもたちはその道程を辿る。子どもは、すごい。

分からなくなってしまいました……

どれだけ深く考えたことの証であろう。果たして、「分かる」「できる」に、どれだけの価値があるのだろう。かつて、理科の時間の「……それで、私は何が分かったのだろう。」という女の子のつぶやき。彼女は、誰よりも深く考えていたではないか。知識を伝え、それで完結する授業。彼女は、そこに鉄槌を加える。

何も響いていないのだ。

今日の授業で分かったことを書きなさい。言葉に表すことができる、知識。言葉にはできない、真理。分かったことなら、教科書に書いているではないか。それをただノートに写すだけの作業。正確に写せたかどうかの評価。授業は、作業の連続ではない。思考の深まりなのだ。

教育とは何か、分からなくなってきました……講義の感想は、誰よりも深く講義に向き合ったことの証ではないのか。

分からないからこそ、向き合う。分からないからこそ、追求する。

分かる結果よりも、分からぬことに向き合う体験。分からぬことに向き合い、突き詰めていく過程、それこそが授業である。

10年後のために、学ぶ。

明日に備えるのは、教材研究ではない。10年後のために学ぶことこそが、本当の教材研究になる。

手先が不器用なのに、教材作りに励む。音符が読めないのに、指揮に挑む。励む中で、挑む中で、違う自分に出会う。技は身に付かずとも、何かを手にする感覚を持つ。これが生きる。

明日に役立たない本を読む。ハイデガーが、授業研究に光を指すか。ペスタロッチが、ルソーが、明日の授業に間に合うか。花巻に行くことが、「やまなし」の読み取りに効果があるか。プラハを訪れることが、「モルダウ」の音を響かせるのか。

遠回り……できるだけ、遠回りをすること。だから時間が必要になる。明日に生きずとも、未来に生きる。子どもが羽ばたくのは、明日ではなく、未来である。ならば、教師は未来に備えるべきである。

10年後のために、学ぶ。


夢は、叶うということ……

山際の、小さな学校だった。70名ばかりの、小さな学校だった。光を求めて、集う職員ではなかった。

そこで、夢を語った。こんな授業がしたい。こんな学校がつくりたい。授業に介入し、教室で授業をした。校長室で、一人ひとりと話した。教材研究については、老若関係なく討論した。時を忘れた。平行線に終わることもあった。これだけ話した校長は、初めてです……そんな当たり前の日々が、奇跡を呼ぶ。

ずれ、なかった。不思議に、ずれなかった。当たり前のことを当たり前に積み重ねる中に、すごいものが生まれるようになった。息をのむ実践が、次々に教室に生まれるようになった。職員室に授業の話が咲くようになり、カキ氷を食べながら一斉に仕事から離れるようになった。学校が、職員室が、自由になった。当たり前のことが、当たり前と思えるようになった。

壊しなさい、と話した。何かを創るためには、まず壊しなさい、と話した。誰もが壊す勇気を持つようになった。生み出すためには、まず壊すことが必要になることが分かり、それができるようになった。そして、過去をより大切にするようになった。

仲間を信じるようになった。仲間の足音に耳を澄ますようになり、澄まさずとも、そこに必ず足音が続くことが信じられるようになった。互いに意見をぶつけ合うようになった。年齢や経験は問わず、校長・教頭という肩書に関わらず、誰もが対等に意見を戦わすようになった。そして、相手の話に耳を傾けるようになった。

知恵を、出し合う。何かが起きれば、一人ひとりが自分事ととらえ、知恵を出し合うようになった。一人の問題は、全員の課題になった。皆で動くようになった。自分に何ができるかを考え、自然に動くようになった。その総計は、いつか問題自体を凌駕するものになり、それが学校を育てることになった。

その姿は、広がった。学校が変わったことは、地域にも響いた。学校に足を運ぶ人が、増えた。共に、課題を分け合う仲間が増えた。学校の課題は地域の課題になり、地域の問題は学校の問題になった。人と人が行きかい、学校は地域に溶け込んでいった。

学校の変容は、近隣にも広がった。その変容の様は、またたくまに噂を呼び、全市に拡がった。もはや山際の小さな学校ではなく、話題を集める学校になり、研究会には全国から200名を超える参観者が集まる場所になった。

夢は叶う……

夢、ではなく、当たり前を語ったのかもしれない。それまで当たり前を語ると、自分の中では完結するものの、周囲とは、ずれるだけで終わった。それが、山田では叶った。

夢は、叶う……

夢は、届く……

こうした姿を、「手紙」に載せて語る。それが、共感を呼ぶ。感動を伝える。

先生の手紙を読んでとても感銘を受けたことや面白いなと思ったこと、時にはなぜだか分からないけど、涙を流したこともありました。

私がこの講義で一番勉強になったのは「生き方」と言えば正確かわかりませんが、大切な人間性のようなものについて学ぶこと、改めて考えることができたと思います。

先生の話はとても私の常識とはかけ離れた考えをしていて、とてもおもしろい……私が受けたことがない授業を先生は何度も教えてくださりました。とても自分の教育に関する考え方が変わりました。

僕自身、この手紙でこんなことに気づかされるとは思ってもみませんでした。ですが、この講義でそんな大切なことに気づかされたことは事実です。

子どもの成長を見守りつつ、豊かで純粋な心に触れていけるようなことを考えて、実際動けるような先生になりたいと、すべての講義を受け終えて、感じました。

この授業では、本当にいろいろなことに気づかされました。途中の講義で「なぜ勉強するのか？」と問われたことを私は鮮明に覚えています。

私は学校は子どもたちに勉強を押し付ける場だと思っていました。ですが、学校はそんな場所ではなく、子どものためにある場所です。子どもが将来、社会で生きていくための大切な場だというのが学校だと、今は思っています。

自分が教員になったら、教えるのではなく教えられるのだと心に留めて仕事がしたいです。人の出会いはたまたまだが、どれだけそこに情があり、大切にできるかで、学校全体が変わるのだと思いました。

教師という職業は、日々子どもや保護者、職員から学んでいく職業で、その学びに気づいた人から成長し、自らの教育観を持つことができると、手紙を読んで感じました。

先生の話はどこか物語のある小説のような内容のように感じていて、すべて実話で経験してきたことなのが、最初から驚きで、同時に先生という職業の素晴らしさを感じることができ、考えさせられることも多かったです。

先生は毎回の講義で手紙を書いてくださった。そこには私が想像しなかった教師の姿や子どもの姿が綴られていた。毎週の新しい発見が楽しくて、この講義にいつも期待していた。教師は楽しい。私はこの言葉を信じたいと思う。10年後のためにがんばれる教師。私はこの言葉に今後励まされるだろう。

学生は、講義の中で「手紙」と真剣に向き合っていたのである。

夢は、届く……

教育の世界には、夢があり、夢は叶う。

「手紙」は、何を届けたのだろう。何が伝わり、なぜ響いたのだろう。

今、届けただろう、という実感は、確かに感じている。

おわりに

書き終えた、今、私は確かに、教育の不易を、この本に閉じ込めたはずである。

思えば、私はなぜずれるのか、という問いを立て、手紙は何を伝え、なぜ伝わるのかという問いを立て、私は何を遺さなければならないのかという問いを立て、その答えを求める道行きであった。1年半ほどの月刊誌『事実と創造』への連載、さらに加筆を加えた本書、3年に渡る講義での「手紙」。

連載の始まりに、こう記している。

……書くことによって、書き記すことによって、それが明らかになればと考える。しかも、書くことにより明らかにできることは甚だしく困難であろうと予感するにも関わらず、道行きを共にしていただくことで、それを確かに手渡すことができるだろうという予感も、同時に持つ。……

私、私、私……やたらと、私、が五月蠅い本である。

そう、私、なのである。自分に問いを立て、自身の実践を引用しながら、私の課題を解き明かすことに、読者を、学生を、仲間を道連れにすることで、教育の不易を語り、それを本に閉じ込めた。

教育は、「私」を語らなければならない。語る「私」、を生み出さなければならない。一人ひとりが自由になり、そこに「私」を見つけなければならない。教育は、そうあらねばならない。教育の源は、自由、にある。

連載の最中、ある保育園のオペレッタの公開を観た。踊り、歌い終えた子どもを、涙で迎え、抱きしめる教師の姿を見た。彼女は、そこに「私」を語っていた。

今こそ、教育に携わるすべての人は、「私」を語らなければならない。

「私」と「私」の出会いが、「私」と「私」が響き合うことが、教育の創造を生む。

「手紙」が何を語り、なぜ響いたのか。何を遺すのか……

自由であれ、という語りと、教育には自由があるという事実と、自由は素晴らしいものを創造するという証拠、ではなかったろうか。

自由であるために、捨て、ずれることで、自分を見つけ、人に出会い、教育の本質に向き合うことができた。そこに生まれる子どもの姿、ドラマの数々……それは、確かに学生に響き、読者に響き、又新の仲間を集めた。

教育の源は、自由にある。

本書を閉じるにあたって、まず、最後まで道行きを共にしてくれた、読者諸氏に感謝したい。果たして、冒頭に述べた教育の不易を手渡すことはできたのだろうか。

次に、「手紙」の宛先の方々への感謝である。まず、何と言っても大学の講義に真摯に向き合ってくれた学生諸子、連載中常に励ましてくれた大学の同僚、又新の会をはじめ支えてくれた仲間、現役時代共に歩んだ子どもたち、そして各学校で出会えた方々、月々の筆が進まぬ中で常に激励をいただいた一莖書房の斎藤草子様。こうして「手紙」を受け取ってくださった方々には、改めて深くお礼を申し述べたい。

そして、何より第一の読者であり、批評家であり、方向を示してくれた、妻、衣世の尽力が無ければ、『授業論』『教育の創造』、そして本書の完成を見ることは叶わなかったであろうことは言うまでもない。

〈著者紹介〉
板東克則（ばんどう かつのり）
1957 年　神戸市に生まれる。
神戸大学教育学部　卒業
京都教育大学　重複障害教育教員養成課程に内地留学
兵庫教育大学大学院学校教育研究科　修士課程修了
神戸市立特別支援学校、小学校教諭を経て、神戸市立小学校校長、幼稚園長
定年後、神戸市総合教育センター指導主事
現在、姫路大学教育学部に勤務（特別招聘教授）
神戸大学、大阪人間科学大学、非常勤講師
関西教育学会、日本保育学会、日本子ども支援学会、会員

〈主な著書〉
『授業論――何もしない時間　そして　手紙』（2017 年　板東克則　一莖書房）
『教育の創造』（2020 年　板東克則　一莖書房）
『「教育」の眼鏡をはずすと子どもが見えてくる』（鷲田清一×板東克則）
（2008 年　農文協　食農教育 9 月号）
『教育現場で見る子どもの「ガッツ」』（2016 年　金子書房　児童心理 12 月号）
『感謝とねぎらいを伝え合う習慣づくり』（2018 年　金子書房　児童心理 6 月号）
『手紙　何を伝え、何を遺すのか……』＊本書に収録
（「事実と創造」一莖書房　2023 年 1 月号から 2024 年 5 月号まで連載）
Email: bdkatunori@outlook.jp

手紙――教育に何を伝え、何を遺すのか――

2024年 6 月10日　初版第一刷発行

著　者　板　東　克　則
発行者　斎　藤　草　子
発行所　一　莖　書　房

〒 173-0001　東京都板橋区本町 37-1
電話 03-3962-1354
FAX 03-3962-4310

印刷／日本ハイコム　製本／新里製本
ISBN978-4-87074-264-2　C3037